学館文庫

海をゆくイタリア

内田洋子

小学館

目次

文庫化にあたって

二〇二〇年に拡大した新型コロナウイルス感染は、一年以上経《た》った現時点でも収まっていない。むしろ、疫病で追い込まれた社会が持つ、これまでも存在していたであろうが見えていなかった澱《よど》みを次第に浮き上がらせ、世の中の問題の複層化がさらに進んでいる。トンネルの出口はすぐそこに見えているのに。もどかしさで足がもつれる。

〈ここから逃《のが》れて、どこか遠くへ行きたい〉

現状が悪夢だったことを祈りながら、毎朝起き上がる。

理由も深刻さの度合いも異なるけれど、コロナ以前にも同じような気持ちになったことがあった。イタリアと日本を独りで往来し、マスコミでの仕事を始めてから途方に暮れることはしばしばある。ミラノは実利優先の町だ。いち早く新しい流れに乗り、他者より一歩でも一秒でも前へ行く。多くの人が前のめりで暮らしている。私も負けじと毎日の時事を追い、そのうち昼夜が反転し季節の移ろいにも気付かず、いや四季があることとすら忘れ、早送りで生活を送るようになっていた。

私が住んでいるのは、唯一埋め立てられずに運河が残っている地区であり、また海に最も近いミラノの南端だ。どこにいても水際が恋しいのは、神戸《こうべ》の海岸近くで生まれたからだろうか。内陸の町ミラノで心慌ただしくなると、車に乗って、あるいは電車でその海へ通う。海の端をつかみに行くような気持ちで頻繁に訪れたのは、モネリアという小さな町だった。

この一帯で、代々ミラノの人達は週末や夏の休暇を過ごしてきた。リグリア海に面したリアス式の海岸線は、昔からの景観を保っている。厳しい地形であるため、長らく道路も鉄道も通らなかったからだ。でも、都会と同じにならなくてもいい。小さな凹凸《おうとつ》ごとに海側からしか見ることができない浜があり、岩場があり、断崖《だんがい》がある。いくつかのトンネルを越えていよいよモネリアというところで、道路の先に岩山がそそり立つ。辛うじて舗装してあるものの、道路はそこから幅が狭まり、岩山の裾《すそ》に開いたトンネルを入った先は一車線へと変わる。岩山の裾には信号機がある。最初にここへ連れてきてくれた友人も、曽祖父母《そうそふぼ》の代からの別荘で夏を過ごしてきた。信号機が赤から青に変わるのは、二十分おきだったか。ミラノからの休暇族は、信号機の時刻表を暗記している。もし目の前で赤に変わっても、臆《おく》せず進めば（真似《まね》してはいけません）、無事にトンネルの向こうへ抜けることができる。そのタイミングを計れるのは、この海の常連ということでもある。

モネリアは小さな町だ。岩山と信号が篩《ふるい》のような役割を果たしているのかもしれない。海なのに、人知れない奥座敷のような気配がある。車を停《と》めて信号を待つ間や、新聞を買ったあと朝食を取りに寄るバールで、顔馴染《かおなじ》みもできた。地元の人あり、休暇に来る他所者《よそもの》あり。海で得た友人達とは付かず離れずの付き合いで、余計な気疲れがない。ミラノで時間と人に追われ汲々《きゅうきゅう》とした毎日を送っていることへの褒美《ほうび》だ、と思った。

ある朝いつもと同じ浜で独りぼんやり座っていると、近くに工房を持つ船大工がやってきて、

「古い木造帆船が陸に上がるから、見に行かないか」

と、誘われた。名匠として知られた、地元の船大工の手によるものらしい。老いて引退してしまった今、もう二度と同じ船が造られることはないだろう。この船型は、世界に三隻しか残っていないという。一隻はすでに買われてアメリカへ渡り、残りの二隻が浜に引き上げられていた。その堂々とした船腹に、浜のあちこちから溜《た》め息《いき》が聞こえた。

以来、浜に居合わせた顔見知りの数人と日程を合わせて、船に会うためにいっしょ

に浜へ通うようになった。老船二隻は、次の船主が現れるのを待っていた。そのうち一隻のことは、拙著『ジーノの家』（文春文庫）に書いた通りである。

浜で落ち合った仲間は、シルヴェリオやアントニオ、マリオ、アルベルト、ジャンパオロにテオだった。ミラノやボローニャ、フィレンツェ、ローマにナポリ、と住んでいる町も職業も、性格も嗜好《しこう》もまちまちの五十歳過ぎだったが、全員がごく若い頃から自分の船を有してきた。強く結ばれた海仲間だった。

「海に書斎ができたと思えばどうかな」

浜に横たわる船を見ている中でただひとり自分の船を持ったことのない私に、他のメンバーはそう勧めた。

〈誰かが買わなければ、船はそのまま浜で朽《く》ちてしまうだろう。自分は持ち船や諸事情で手一杯だ。仲間の誰かが手に入れれば、交互に乗れる……〉

そして気が付いたら私は、船長の任を引き受けてくれたシルヴェリオと共同で船主となっていた。

船は女性、と、のちのち何度も思い知らされることになる。海仲間は全員、この船に魂を吸い取られたようになってしまったからである。

船は海をゆくものだ。港に係留したまま書斎代わりにするなど、船への侮辱だろう。船のためにリグリアへ引っ越すことを決め、仕事仲間や友達に伝えると、皆はとても驚いたけれど誰も止めなかった。むしろ、それほど付き合いのなかった人までが突然に友人に変わって、週末ごとに訪ねてくるようになった。

船の手入れには難儀した。マストや船底、甲板などの大物や肝心の修理は船大工に任せ、残りはすべて自分で行った。細々《こまごま》とした手入れには終わりがない。潮の匂《にお》いを吸い込みながら、首にタオルを巻き手にはボロ切れを持って、来る日も来る日も船と過ごした。船を買うように勧めた張本人である件《くだん》の海仲間は、「勧めたからには」と、仁義を尽くしてくれた。必ず誰かしら都会からやってきては、やすりをかけたりニスを塗ったり、甲板を洗い帆を繕うなどして甲斐甲斐《かいがい》しく働き、必ずそのまま船に泊まり込んだ。一九九五年のことだった。

そして翌一九九六年の春からとうとう、私はこの船《ラ・チチャ》に移り住んだ。ジーンズとTシャツ五、六枚、水着を四、五着、フリースの上着、帽子、サングラス、ウールのセーター、革のデッキシューズ、町に出て食事をするためのワンピース、バレリーナシューズ、水中メガネとシュノーケルが、船に持ち込んだすべてだった。そうだ、バジリコの鉢も持っていったっけ。

木は水を吸って膨らみ、水を吐き出し干からびて、固くなる。裂け目が木目沿いに走る。船上で暮らして初めて、船が胸を鳴らし息を吐くのだと知った。真夜中の沖で、船の鼓動と溜め息を耳にしたときのことを忘れない。

結局、私は足掛け六年にわたり《ラ・チチャ》に乗って、イタリア半島を港から港へと回った。港に係留するには、空き場所と係留料が必要だ。船体は大きく、空きを見つけるのは難しかった。沖合の潮流と海底の様子を見て、錨《いかり》を投じる。そして、風を待つ。それを繰り返し、イタリアを海から見る毎日が続いた。

私自身の船上生活はわずか六年間に過ぎなかったが、それにもかかわらず一生でも足りないほどの体験をしたと思う。船での生活を境に、大仰ではなく、人生への心構えは一変した。海と仲間と、そして船に心から感謝している。

この本は、イタリアの各地から訪ねてきてくれた友人や寄港地の知人たち、最初にリグリアの浜でいっしょにこの船に見惚れて、修理から手入れ、航海を手伝ってくれた海仲間から聞いた話をまとめたものである。それは船主だからこそ得ることのできた、自分自身の周遊の経験と並ぶ貴重な体験である。

〈船長シルヴェリオ〉がまとめた航海日誌の形を取っている。なぜか。

船で指示を出せるのは、船長ただひとりである。その船長にだけ許されているものがある。船の運命を担うロープをひと振りのもとに断ち切ることができる、鋭い刃物と航海日誌だ。

海は広いが、船は小さい。限られた空間での時間は、陸で流れる時間とは異なる。同乗する人の気持ちはことばにならなくても、やがて伝わるようになる。そういう中で刃物を管理することは、人の心を見守ることだ。〈海の狼《おおかみ》〉と呼ばれた船長の目になり代わり、記録をできるだけ忠実に残したかった。海と船、船長の中に潜入する、イマージョン・ジャーナリズムとして書きたかったのだ。

そしてまた、地中海からイタリアを観《み》ることの大切さを多くの貴重な研究を通して啓示してくださった陣内秀信さんへの、心からの敬意と感謝を込めた報告でもある。

疫病が蔓延《まんえん》し自由な移動ができないという未曽有の状況の今だからこそ、ポケットに地中海を入れて、海をゆくイタリアの旅を楽しんでいただければうれしい。

二〇二一年　夏

内田洋子

イタリア半島を巡って

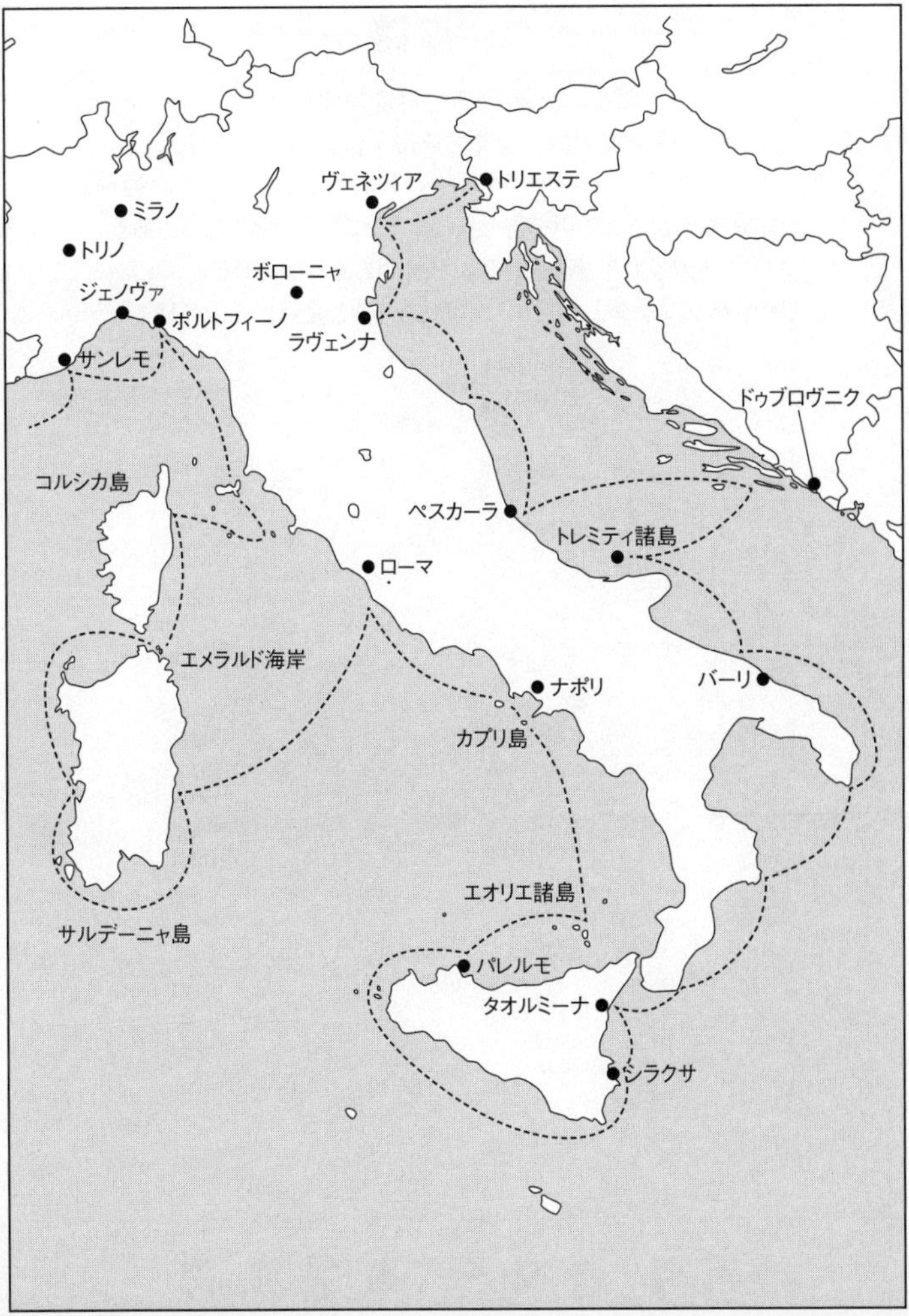
ヴェネツィア
トリエステ
ミラノ
トリノ
ボローニャ
ジェノヴァ
ポルトフィーノ
ラヴェンナ
サンレモ
ドゥブロヴニク
コルシカ島
ペスカーラ
トレミティ諸島
ローマ
エメラルド海岸
ナポリ
バーリ
カプリ島
エオリエ諸島
サルデーニャ島
パレルモ
タオルミーナ
シラクサ

イタリア半島を巡って
12の航路

航路には、必須の中継港のほかに、
悪天候や船の故障でやむを得ず留まるところあり、
里心がついて陸に上がりたくなったり、思わぬ出会いによる停泊や、
ひらめくものがあって引き寄せられるように立ち寄るところもある。
イタリア半島一周には、2週間もあれば足りる。
しかしハプニングの旅を楽しむのなら、ひと夏かけるのが理想。

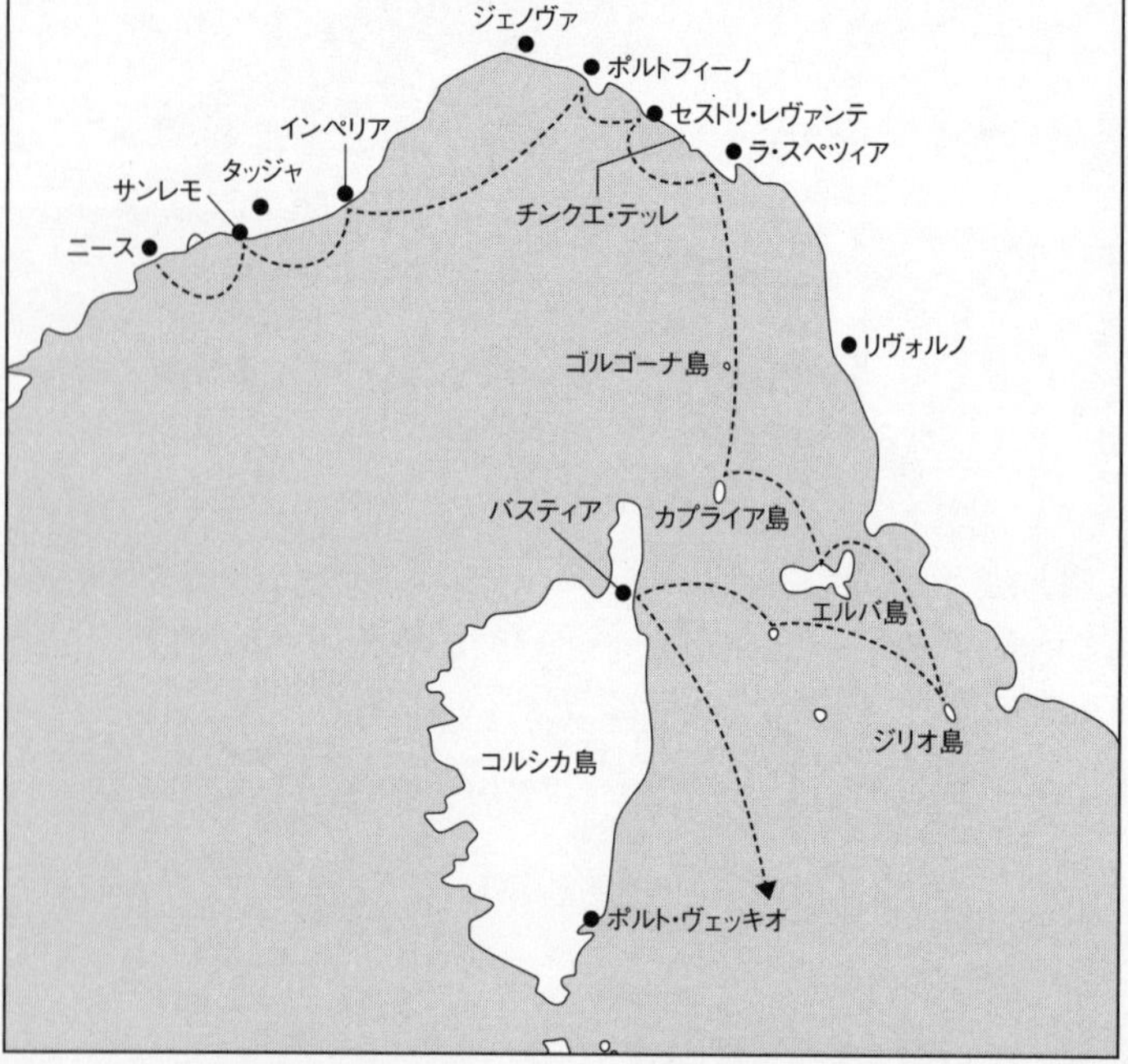

第1航路 — 第2航路

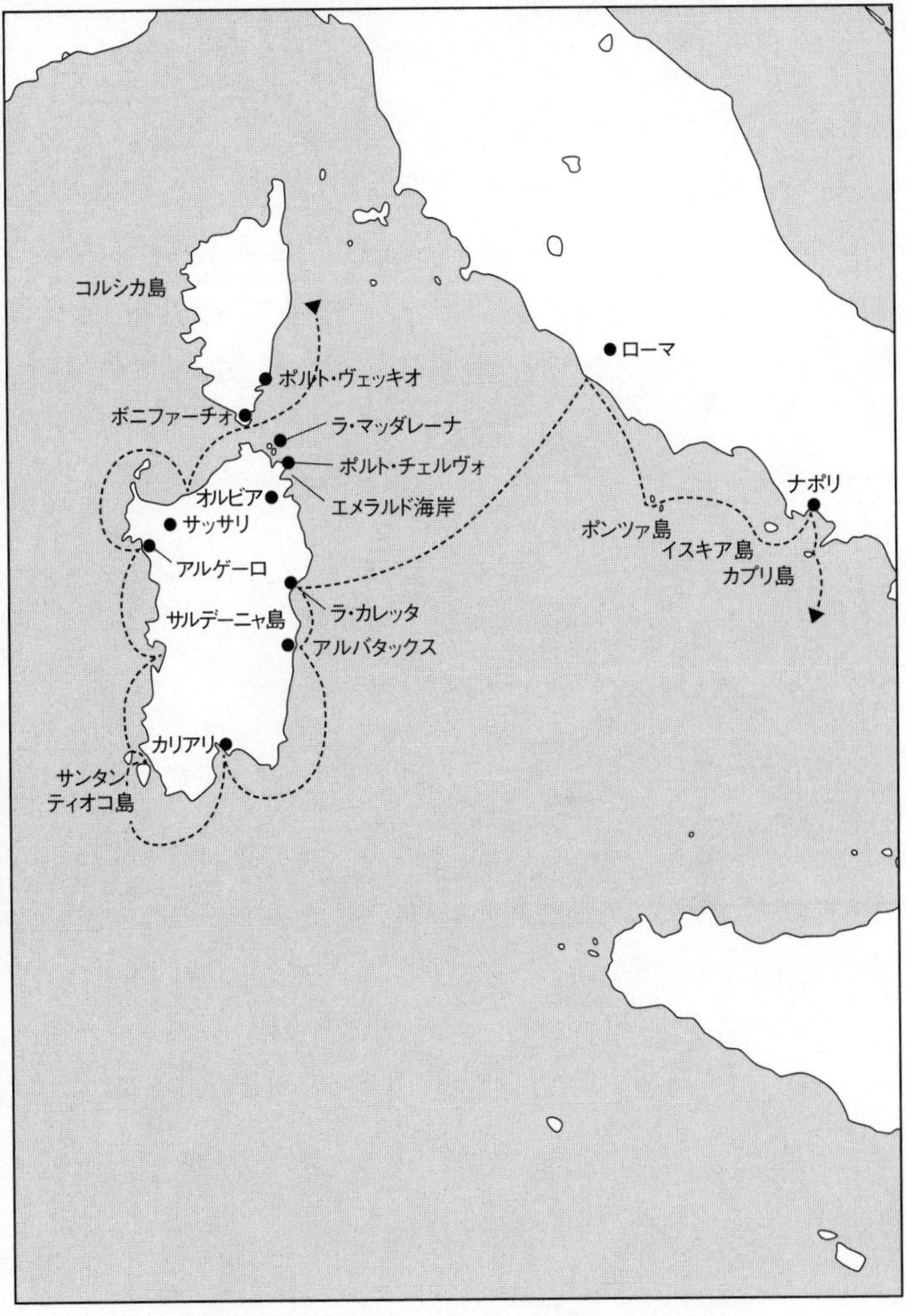
コルシカ島
ローマ
ポルト・ヴェッキオ
ボニファーチオ
ラ・マッダレーナ
ポルト・チェルヴォ
エメラルド海岸
オルビア
サッサリ
アルゲーロ
ナポリ
ポンツァ島
イスキア島
カプリ島
ラ・カレッタ
サルデーニャ島
アルバタックス
カリアリ
サンタン
ティオコ島

第3航路—第4航路

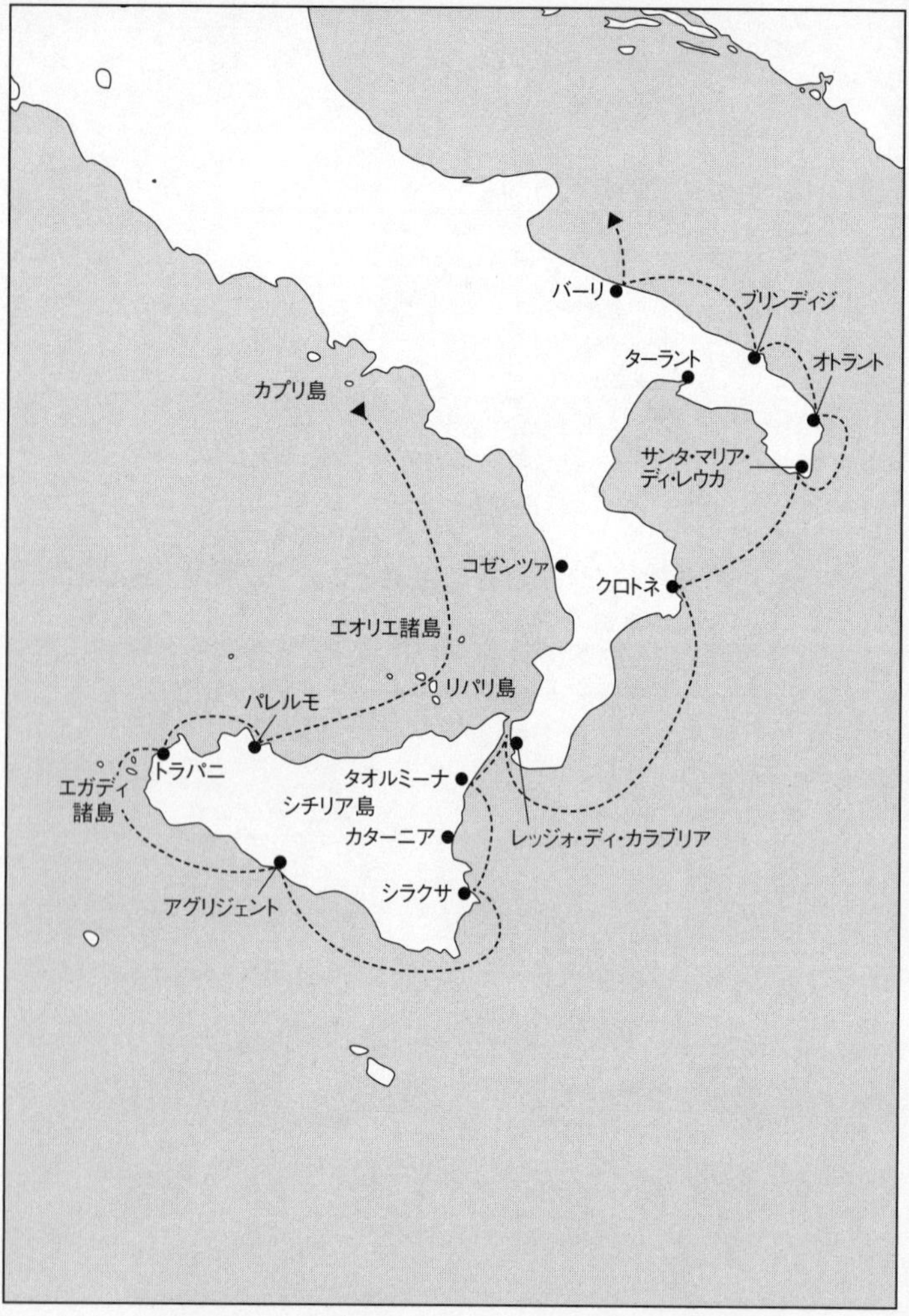

バーリ
ブリンディジ
ターラント
オトラント
カプリ島
サンタ・マリア・
ディ・レウカ
コゼンツァ
クロトネ
エオリエ諸島
リパリ島
パレルモ
トラパニ
エガディ
諸島
タオルミーナ
シチリア島
カターニア
レッジォ・ディ・カラブリア
シラクサ
アグリジェント

第5航路―第8航路

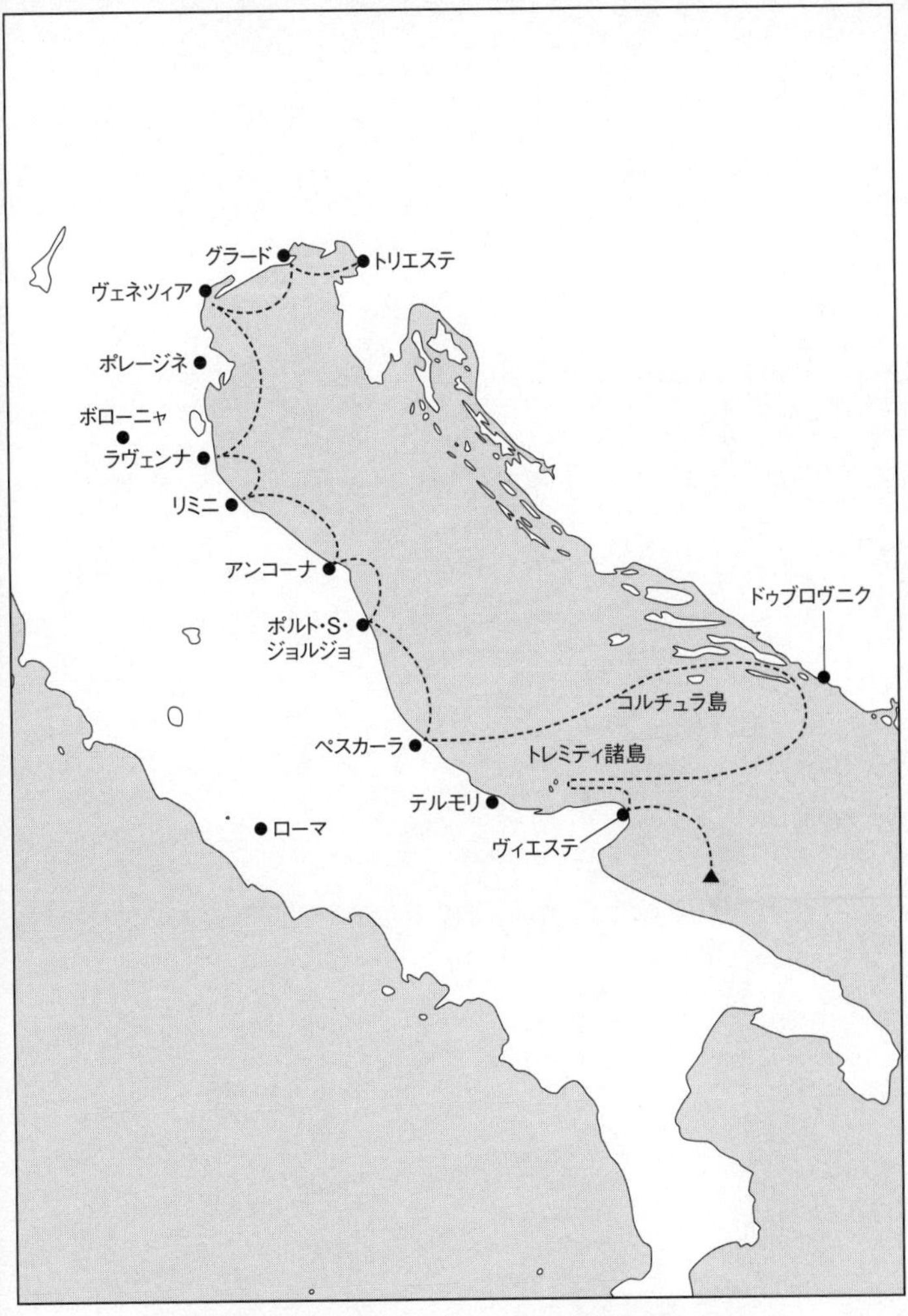
グラード
トリエステ
ヴェネツィア
ポレージネ
ボローニャ
ラヴェンナ
リミニ
アンコーナ
ポルト・S・
ジョルジョ
ドゥブロヴニク
コルチュラ島
ペスカーラ
トレミティ諸島
テルモリ
ヴィエステ
ローマ

第9航路—第12航路

第1部

イタリア半島西側航路

航海日誌のはじめに―ようこそこの船へ

ヨーロッパ大陸から地中海に伸びるイタリア半島は、全長八千キロメートルの海岸線で囲まれています。地中海のことを地元の海の男達は、〈年季の入った桶《おけ》〉と呼んできました。たしかに〈閉ざされた海〉ではあるけれど、地中海を取り囲む地に住む人々にとっては、いつの時代にも、十分に広い、いや大きすぎるくらいの存在でした。

地中海の中央に位置するイタリア半島の港は、どれも大変に重要な役割を果たしてきました。地中海をその西側（スペイン、フランス、アルジェリア、チュニジア）と東側（ユーゴスラヴィア、ギリシャ、トルコ、エジプト）に分けてきたのが、イタリア半島だったのです。

目的が貿易であれ戦争であれ、地中海を取り囲む諸国のあいだには、常に濃密な関係がありました。シチリア島に《海は人民を融合させても、離別させない》という古い諺《ことわざ》があります。地中海の文化は、オリーブと葡萄《ぶどう》の文化です。それは、そこに海があったからこそ、生まれて伝わり育った文化なのです。

ところが十九世紀後半に飛行機が登場すると、それまで四千年にわたって風に任せていた船旅は、すっかり忘れ去られてしまいます。地中海から、船の姿が消えていったのでした。

飛行機や自動車は、まず大陸を短時間で結び付けました。やがて地中海の旅も、パッケージツアーで簡単になりました。飛行機を使えば、出発や到着の時間はたしかに正確です。風を頼りに海を渡っていた時代には到底考えられないことが、可能になったのです。東京＝ミラノ＝フィレンツェ＝ローマ＝サルデーニャ＝ヴェネツィア＝東京をわずか一週間で回る、という滅茶苦茶《めちゃくちゃ》なプログラムも不可能ではなくなりました。人は空港から空港へと移動して、すっかり旅をした気分になっています。

海を渡る人が消え、古《いにしえ》からの港は、通信や運輸の重要な中継地点としての存在価値をみるみるうちに失っていきました。もはや歴史を封じ込めた時代の遺物や単なる景勝地となってしまったところも多いのです。

ご乗船くださる皆さん、埃《ほこり》に塗《まみ》れた六分儀を磨き、羅針盤と気圧計を睨《にら》みながら、ともに帆をあげましょう。かつて古代の戦闘船が、漁船が、旅客船が周航したように、新緑のすばらしい季節に風に吹かれてイタリア半島を巡る旅に出てみようではありませんか。

船長　シルヴェリオ

第1航路

サンレモ
（リグリア州）
〜
ポルトフィーノ
（リグリア州）

「俺が畑に執着している理由？　潮風をまともに受ける北斜面の段々畑のことか？　植えてあるオリーブの木々に愛着があるからかって？　難しい質問をしてくれるよなあ」

アルベルトはグラスに入ったワインをひと息に空けて、鼻をすすり上げるように鳴らし考え込む様子になる。

五月十五日

ほぼ三十年ぶりの再会だった。彼は、山から迎えに下りてきてくれたのだった。若かった頃、山と海の救助訓練のコースで知り合った。二人とも自然への関心が強く同世代だったこともあり、すぐに意気投合した。

《海からイタリアを巡る》という今回の私の旅の目的は、船に乗ることはもちろんのこと、長らく会っていない各地の友人やその町を再訪することにあった。

再会を祝して、アルベルトと私はバールでグラスを傾けている。

若かった頃、私達はよく二人で西リグリアの内陸へ旅をしたものだった。山奥のけもの道を辿《たど》って歩いたりもした。あれは旅というより、ちょっとした探検だった。週末ごとに、まるで仕事に行くように出かけていったものだった。奥地には、荒らされていない自然があった。清流の音を耳に、木々に抱かれるようにテントを張って野宿した。時には、地図にも載っていない渓谷や、古代から残る山越えの道標《みちしるべ》を発見したりもした。自然を知り尽くしたい、という探求心があった。

リグリアには何人か知己《ちき》がいるが、アルベルトほどリグリア的な男を他に知らない。痩《や》せて背が高い。ふだんは半分閉じたような目が、時にカッと見開くと藍色《あいいろ》に光る。いつも冴《さ》えない色の服を着ていて、山に入ると草や低木と混じって見分けが付かない。節の目立つ厳《いか》つい手はひどくがさついていて、内陸の冬の厳しさが知れる。

アルベルトは、山奥の村に独りで暮らしている。過酷な冬越えと貧困に耐えられなくなった他の住民達は、村を捨てて山を下りてしまった。妻と娘も出ていった。今は都会で暮らしている。海ぎりぎりに山が迫るリグリアには、肥沃《ひよく》な平地がない。貧困な自然にしがみ付くようにして生きるリグリア人は、その土地と同様、かさかさに乾いた心の持ち主であることが多い。他所の人達は、そうしたリグリア人のことを〈吝《りん》嗇《しょく》の民〉と呼んで疎《うと》んじる。

「秋が深まりオリーブの実の摘み取りの時期になると、山に北からの季節風が吹く。

凍るような、心を刺すような。裸になった木の枝のあいだを吹き抜ける乾いた風の音は、あまりにさみしくて怖いくらいだ。まだ空に星が見える頃に目が覚めて窓の外に目をやると、星の光を受けたオリーブの葉が、闇《やみ》の中で銀色に光っていた。神々しい光景だったな」

若い頃からアルベルトは、こうだった。老女がレース編みをするように、ことばを丹念に編み込んでいく。彼の詩的な独り語りは、還暦近い年齢になって枯れた味わいが出ている。詩の朗読に礼を述べるつもりで、私は地産の赤ワイン、ロッセーゼの入ったグラスを軽く持ち上げる。アルベルトは無視して続ける。

「オリーブの葉が銀色に光っていたその朝、風はとても強くて斜面の畑まで行くのは危険だった。オリーブの木々は風に押されて前のめりになりながら、枝は細かく震えて、闇に向かって懇願しているように見えた。せめて一本でも風から守ってやらなければ、と思ってね」

虚弱な息子のことのようにオリーブの木について話すアルベルトの顔を、私は理解しがたい気持ちでまじまじと見る。海が命、の私にしてみれば、大地を耕して暮らすということは、人生を放棄するに等しいように思えるからだった。

「オリーブの木々に囲まれて生まれ育ったからな、俺は」

ちらりと私の顔を見て、こちらの心の内を見すかしたようにアルベルトは続ける。

「これから伸びようとする若い枝を必死で守ろうとした。根っこと話しながらね。突風の吹く中、二時間はそうやって作業していただろうか。畑から戻ったときには指の感覚がなくなっていて、煙草《タバコ》に火も点《つ》けられなかった。家から見ると、斜面のオリーブの木々は、強風に小枝を飛ばされて二回りも小さくなっていた。みすぼらしかった。でも、それがリグリアのオリーブなのだ。貧弱で情けない。いじめられて、しかし必要最低限で実を結ぶ。豊かな大地で、伸び伸びと育つ麦やトマトとは違うんだよ」

アルベルトがオリーブの話を始めると止まらない。私は、グラスに黙ってワインを注《つ》ぐ。しばらく沈黙して、彼は憑《つ》かれたように再び話し始める。

「こんな貧相な土地でも、しがみ付いて生きていかなければならない。それは、たやすいことではない」

大きな手でグラスをわしづかみにし、一気に空ける。

「この土地で生き延びてきたオリーブと俺達リグリア人は、一心同体だ。互いに励まし合い、強風に飛ばされないように抱き合いながら、痩せても枯れても土地にしがみ付いてきた。お前は、枝をもぎ取られたオリーブの叫び声を聞いたことがあるか？」

そう言い終えると、アルベルトは再び黙り込んだ。

店の前のミモザの花は、すでに散り始めている。野の花だろう。さまざまな春の香りが混じり合って流れてくる。背後の山脈を眺める。頂《いただき》にはまだ雪が残っている。目線をだんだん下げていくと、山裾からすぐ海が広がりきらめいている。アルプス山脈から海までを一望できるこの一帯の眺めは、何度見ても飽きることがない。

少し酔いが醒《さ》めるのを待って、私達は麓《ふもと》のカップッチーニ修道院まで山道を下りていくことにした。しばらく歩いていくと、男性の朗々とした声が聞こえてきた。修道院の神父達が歌っているのだった。厳かな音調だ。今日は、この麓の町タッジャにとって記念すべき日なのである。中世、この修道院にいた神父が海の向こうから届いたオリーブの植樹を思い付いたおかげで、現在のタッジャから隣町のサンレモ、そしてその背後のアルジェンティーナ渓谷へと広がるオリーブ栽培が生まれた。その功績を讃《たた》える祝祭なのだ。

私達が教会に入ろうとしていると、奥から旧知の司祭が大きく手を広げてにこにこと出迎えた。

「今こうしてミサを挙げて祀《まつ》っている神父は、中世の教会世界ではそれほど権力のある人物ではなくて、凡の人でした」

司祭は家族と再会したように私と腕を組み、歩きながら話し始める。

「他の聖職者達が政治的な駆け引きで忙しいときに、彼は機会さえあれば未知の世界を求めて旅に出ていました。当時、〈未到達の世界〉は海の向こうにありました。ラテン語にトルコ語、ギリシャ語と十二ヵ国以上のことばを自由に操ったというこの神父は、勇気と知性と人生をかけて、ついには地中海のすべての港を制覇したと言われています。無名だった彼の名を後世に残すことになった航海は、レバノンへの旅でした」

私達は聖堂に着いた。祝いのミサは終わり、参加した人達は立ち話をしている。毎年、祝儀の後で修道院が催す立食の宴《うたげ》を待っているのである。司祭は話を続ける。

「春がまだ浅いある日、神父を乗せた帆船はレバノンを出港したあとどこにも寄港せずに、シチリア島のシラクサまで直行する航路を取っていました。かなりの距離でしたが、先を急がねばならない理由があったからでした。当時はオイル抽出のために、パレスチナをはじめとする地中海東側一帯が独占的にオリーブを栽培していました。この商いには、国の盛運がかかっていました。東側一帯の国々は、オリーブオイルで成り立っていましたからね。異教の地パレスチナでは、国の宝であるオリーブの木を盗む者は即、死刑に処せられたものです。そんななか神父は、レバノンから密《ひそ》かにオリーブの木を持ち出していたのです。神父を乗せた帆船が一刻も早く故郷に戻ろうとしたのは、そういう事情があったからでした」

いつの間にか私達の周りに村人達が集まって、司祭の話にじっと耳を傾けている。

「こうしてオリーブはリグリアに着きました。オリーブオイルといっても現在私達が食しているものとはまったく別もので、当時はオイルランプや皮革の保護、防水や工具に差す作業用の油として使われるだけでした。昔からリグリア一帯は、イタリア半島の中でもとりわけ貧しい地方でした。海運業や漁業の活路がある海沿いはまだましでしたが、内陸部の貧しさは絶望的でした。内陸部で極貧に苦しむ住民が空腹に耐えかねて、あるときこの作業用のオリーブオイルをなめてみた。

〈おっ、案外旨《うま》いじゃないか〉

地中海料理が誕生したのは、リグリアの貧困のおかげだったとも言えるのです」

皆、感心したように相槌《あいづち》を打って聞いている。

「リグリアといえば、その名物は二つ。ひとつは、このタッジャ・オリーブの実から採れるオイルで、もうひとつは吝嗇ぶりでしょう。

〈冷蔵庫の中の明かりは、扉を閉めたら確かに消えているのかしら。心配で夜も眠れない〉

〈あなた、梨《なし》の皮をむいて食べるの？　その皮、まさか捨てたりしないでしょうね〉

〈夜中までくだらない本など読むな。ランプの油がもったいない！〉

なんとここで使われるワイングラスは、他所よりも小ぶりにできているのですよ」

司祭がひと息吐《つ》いたので、皆、試食会用に配られたグラスをしげしげと眺めている。

「まあ小さければ、何杯もお代わりすれば済むことですがね」

司祭は大瓶からワインを私達のグラスに注ぎながら笑った。

聖人の祝祭は、たいてい食卓を囲んで締めくくりとなるものだ。修道院の中庭には、白いテーブルクロスを掛けた長テーブルの上に地産のワインやチーズ、フォカッチャやオリーブの実を入れた大皿が並べられ、軽食が楽しめるように用意されている。

「それにしても、よく私達のことを思い出してくれましたね。オリーブオイルと、そのおかげで生まれたバジリコペースト、そしてマヨネーズに乾杯しましょう！」

司祭は満面の笑みで、修道院自家製の赤ワインが入ったグラスを高く掲げた。

「ちょっと待って。マヨネーズは、残念ながらフランスの発明品だぜ」

アルベルトが悔しそうに訂正する。いやイタリアだ、と反論する人もあって、賑《にぎ》やかな論争が始まる。

修道院は、昔訪れたときから少しも変わっていなかった。簡素ながら、いやむしろ無駄がないからこそ美しいのだろう。強いて言えば、以前訪れたときは中庭のレモンの木がもっと生き生きして、菜園の手入れが行き届いていたように思う。

修道院の最盛期だった一八九〇年頃には、神父や修行者を合わせて八十人からなる大所帯だったらしいのだが、現在ではたった六人の神父がいるだけだ。その六人も、ワインが手放せない痛風気味の司祭を頭《かしら》に、残り五人も全員が七十過ぎの高齢者ばかりだ。これでは中庭や菜園の手入れよりも、日向《ひなた》でのんびり四方山話《よもやまばなし》をしていたいだろう。

マヨネーズ論議をアルベルトに任せて、私は司祭を誘って庭へ出た。

「あなたはいつも聞き上手ですね。おかげで村人にもうまく説明ができ助かりました」

司祭は笑った。

「ふだんはどのように説法をなさっているのですか?」

「外部の人間に向かって、嚙《か》み砕くように話すようにしています。外国人ならもっといい。話を聞かされているその人はわかっていなくても、周りにいる村人もいっしょにじっと聞きますから」

私達の前後左右を蛍が舞う。そのうち私は懺悔室《ざんげしつ》に入ったような静かな気持ちになった。ある日海を見ていると逸《はや》る気持ちが抑えきれなくなり、古のように風に吹かれて船でイタリア半島を回り各地の旧友を訪ねて回りたくなった、と今回、旅に出た経緯を説明した。

そうかそうか、と司祭は頷《うなず》き、食堂へ連れていってくれた。年季の入った木製のどっしりした水屋《みずや》があった。そこから神父はそっと陶器の油壺《あぶらつぼ》を取り出すと、オリーブオイルを薄く切ったパンの上に垂らして私に手渡した。

「召し上がってみてください。世界最高のオイルです。これからあなたは、〈世界の首都〉ローマにも寄るのでしょう？　ぜひ我らがローマ教皇に、このリグリア産の極上オイルを届けてもらえませんか。このオイルは清らかで、教皇にこそふさわしい。あなたには、修道院自家製のバジリコペーストを一瓶、差し上げましょう。長い航海のよい道連れになるでしょうから」

そう言いながら私の顔を見て、こりゃだめだ、と司祭は頭を振って吹き出した。私に託せば、聖なるオイルも最終目的地には到底辿り着かないことがわかったからだろう。

老いた神父達から引き留められたが、あまり遅くならないうちにアルベルトと修道院をあとにした。アルベルトは無言で山道を歩き、途中ふと立ち止まると胸元で十字を素早く切り、天に向かって投げキッスをした。

翌日の午後、自動車に乗っている。インペリアに住む友人、ピーナといっしょだ。海辺の町サンレモから内陸に向かって、アルジェンティーナ渓谷をなぞるようにして道を進んでいる。ピーナは、クラッシックギターの演奏家だ。地元っ子でこのあたりの事情に非常に詳しいので、今日は内陸への案内を頼んだのである。

「リグリアの人々は、昔から海とともに生きてきたの。この不毛の地で、生きていく手段は海しかなかった。海は生活の糧《かて》ではあったけれど、同時に異教徒が侵略してくる玄関でもあったのよ。異教徒達は大きな帆船で攻め入り、上陸するなり火を放って集落を攻め落とした。ワインやオイルをはじめあらゆる物資を略奪し人を捕らえて、また海の向こうへと去っていった。たび重なる襲撃を受けるうちに、人々は海から見えないような場所や、簡単には辿り着けないような山の上に住むようになったわけ。外敵から自衛しやすい場所を選んだのね」

危ない！　トラックがすれすれに通り過ぎていく。身振り手振りで熱心に説明してくれるのはうれしいが、運転しながらこちらを向いてしゃべるのは勘弁してもらいたい。山道は細く、急なヘアピンカーブの繰り返しなのだ。

大きなカーブを回るとすぐ、中世の佇《たたず》まいをそのままに残した町ドルチェアックアが、忽然《こつぜん》と目の前に現れた。どう説明したらよいだろう。天から家屋をパラパラと落とし、それがこんもりと積もって集落になったようだ。無数の石の家が折り重なるように山の斜面に張り付いている。どこからどこまでが一軒なのか、よくわからない。すべての家が連結してひと固まりになっている。まるでフジツボだ。その集落を台にして踏み付けるように、頂には古城がそそり立っている。

サンレモ港からはるばるこの内陸の村まで来たのは、エンニオに会うためだった。彼の家は何代も前からここの住人である。趣味の写真が高じて、今では自宅の一部を小劇場に改造して、自分で撮った写真を3Dのスライドショーに編集し観光客に見せたりしながら、村の案内役を担っている。

村は中世のまま時間が止まっている。世の中から取り残されてしまった。数少ない住民にとって、観光だけが生き延びる手段である。そのエンニオから、

「サンレモに来ているのなら、夏の新しい企画の相談をしたいのでぜひ寄っていかないか」

と、誘われたのだった。

山に張り付く村に上る手前で車を駐《と》め、古代ローマから残るという石橋を歩いて渡る。橋は外界と村を結ぶ唯一の道でもあった。橋の下にアルジェンティーナ川が流れ

る。濁りのない水面に古城が映っている。川縁《かわべり》をじっくり散歩する人の姿もある。川釣りの解禁を待つ人が、魚の様子を見にやってきているのかもしれない。

弓のように反った石橋を渡ると、村の玄関口である城門があった。年季の入った分厚い木の扉である。今でこそ開け放しになっているが、昔は外界からの侵入を防ぐために閉ざされていた。海から上陸し川をさかのぼって集落に攻め入ろうとするサラセン人をめがけ、村人達は煮えたぎるオイルをその頭上にぶちまけて防衛したのだという。

門を入ると、折り重なるような家と家とのあいだをごく幅狭《はばせま》の路地が蛇行している。上り坂になったかと思うと下りになり、ときおり石段や小さな橋が交差して、行き着く終点があるようでないような道だ。両側から迫る石の建物に挟まれて日は差さず、石畳の道は濡《ぬ》れている。延々と同じところを回っているような、メビウスの輪の中に紛れてしまったような感じを受ける。時間も場所も曖昧《あいまい》な異次元の世界だ。

勾配《こうばい》が険しくなった坂を上りきると、頂にあるドリア王の城の前に出た。空しかない。エンニオは、城の窓から身を乗り出していた。そこから眼下の観光客に向かって、村に語り継がれているドリア一族の物語を大声で朗読しているところだった。

「中世、一族の王は各地から愛人を城に連れてきては、気に入らないとこの窓から四十メートルも下に流れる川に向かって投げ捨てたのでした」

　エンニオは一族の物語を読み終えると、さらに身を乗り出し下を覗《のぞ》き込んだ。ひと押しで簡単に落ちてしまいそうで、足が竦《すく》む。

　彼が思い付いた夏の新しい企画とは、伸縮性のある綱で結んだ椅子《いす》に客を載せバンジージャンプさながら城から眼下の川まで投げ下ろし、〈過去へジャンピング！　城から突き落とされた中世の美女の気持ちを味わってみませんか〉というものだった。一回一万リラ（約千円）なり。

「ちょっと手を握ってて」

　ピーナは私にそう言って、上半身を乗り出した。高所恐怖症の私は生きた心地がしない。彼女はすぐに窓から首をひっこめ、

「私には絶対に無理」

　後退《あとずさ》りしている。私も、この夏は船で各地を回る予定なので手伝いには来られない、と断った。

「下の川に着くまでに、客の座った椅子が絶壁の岩にぶつかるかもしれない。他の企画を考えないとだめかな。観光客を集めるためには、中途半端なアイデアではうまくいかないいんだよね」

エンニオは肩を竦めた。

ピーナは、車でサンレモ港に係留中の私の船の前まで送ってくれた。今晩はコンサートの練習があって、夕食にはつき合えないのだという。

「独りきりでさみしくない？」

別れ際にそう尋ねる彼女に私は、全然、と頭《かぶり》を振った。

船に戻ると、サルヴァトーレはいなかった。サルヴァトーレはこの船《ラ・チチャ》の甲板長である。つまり、船長の次に重要な乗員だ。六十過ぎで二分刈りの頭は白髪、背丈は一メートル六十センチくらいで小柄だが、短い首に堅太りで猪《いのしし》のように力が強く、しかし馬のようにしなやかで、そして非常に心優しい性格の持ち主である。サルデーニャ島の南西にあるサンタンティオコという小島の出身だ。口数少なく頑固だが根は正直、というサルデーニャ島民の気質の標本のような男である。数年前にこのサンレモ港で、彼が他船の甲板長として働いているときに知り合った。

海からイタリアを見たい。船でゆっくりと半島を回ってみようと決めたときに、旅の相方としてまず思い浮かんだのがこのサルヴァトーレだった。私が計画を話すと、一も二もなく乗ってきた。甲板長として月二百万リラ（約二十万円）出すと言ったら、もう大変な喜びようだった。

「ぜひ故郷まで船でお連れしたい。うちの村には、人間としての尊厳というものがまだ残っているのです」

と、誇らしげに言ったのだった。

〈大陸〉（島人はイタリア半島のことをこう呼ぶ）から離れて、すっかり時代から取り残されているようなサルデーニャの中で、さらに世間から隔絶されたところにあるのが彼の故郷サンタンティオコ島だ。世俗に染まることなく、その空気や海のように島人の心は平和で純なのだろう。もし性善説があるとすれば、この島の人が当てはまるのではないか。世間の怪しげなことに手を染めず、実直で欲がない。サルデーニャの海は世界で最も美しいと言われるが、そこに住む人こそが賞賛されるべき存在なのかもしれない。

私は再び船から降りて、夕刻のサンレモの町を散歩することにした。裏通りを歩く。古い構えの店や露店が軒を並べる。昔はここに市が立ったのだろう。異国からのさまざまな香辛料や香草を売る店、刀などの武器を扱う店もあったはずである。今では、大半が洒落《しゃれ》たブティックになっている。道端にはアフリカからの不法入国だろう闇商人達が黒いゴミ用ビニール袋にブランドの横流しの鞄《かばん》を大量に入れて、目だけギラギラさせながら日本や韓国からの観光客に声をかけている。

表通りに出てしばらく歩くと、カジノの前まで来た。正面の壁いっぱいにギラギラと照明を受けて、賭《か》け事《ごと》の殿堂は黄金色に輝いている。着飾った人達が吸い込まれるように入っていく。邪気と怪しさに満ちたその中で遊ぶ気にはならなかった。ひと晩じゅう持ち金を増やすために躍起になるなど、単なる余興とは思えないからだった。サンレモの昔と今を同時に垣間見《かいまみ》たようで、少々疲れて港に戻る。船内に入ると、自宅に帰ったような落ち着いた気分になった。

海は微動だにしない。小さな波が船腹をひたりひたりと打ち、いっそう静けさが広がる。両脇に係留している船は二艘《そう》とも樹脂製の船で、異様なまでに大きい。まるで巨大な壁に挟まれているようだ。右側の船は、軽く数億リラはするだろう。左のクルーザーは今年進水したばかりで、陸から船への専用吊《つ》り階段だけでも十メートルはある。船体は、二十億リラ（約二億円）を下らないはずだ。どちらの船も、甲板に出て作業しているのは雇われのスタッフだけである。サンレモのソーレ港には、こうした桁外《けたはず》れの豪華船がひしめいている。

いったいいつからイタリアの港はこうなってしまったのだろう。かつては旅客や物資を運ぶ生活に直結した港だったのが、今ではどの港にもマリーナと称するものが併設され限られた契約者だけの場所になっている。船を係留するための場所というより、自らの権力をひけらかすための舞台のようなものだ。そこには、一般人がどんなに働いても一生近づくことができない、異質の世界がある。権力を誇示するためにマリーナに留《とど》まっている船は、その大半が一度も海に出ることがない。陳列台に並ぶ宝石のように留め置かれたままだ。サンレモも例外ではない。

寝台に横になる。少し本でも読むか。サルヴァトーレにメモを書いておく。

〈明朝、出航は六時。行き先：ポルトフィーノ。用があれば起こして〉

翌朝八時、コーヒーカップを手に甲板へ上がると、サルヴァトーレは黙々とロープを巻いて甲板を片づけているところだった。手を動かしながらも、目では進行方位と羅針盤を頻繁《ひんぱん》にチェックしている。船は、予定通りすでに湾の外に出ていた。朝靄《あさもや》の向こう遠くに、インペリアの町並みがぼんやり見える。メーレ岬、その先にある村チェルヴォまでが次第に見えてくる。

チェルヴォはドルチェアックアと同様に山に集落が張り付く三角錐《さんかくすい》の村だが、ドルチェアックアと違って、海ぎりぎりにある。教会はファサード《正面》を海に向けて山頂に建っている。真っ白に塗られているため、遠くからでも船乗り達はチェルヴォに帰ってきたことがわかるのだった。航海の目印であり、船乗りの守り神でもあった。

今朝のサルヴァトーレは、いつにも増して無口である。向こうから話しかけてこない限りはこちらも黙っている。しばらくしてようやく強いサルデーニャ訛《なま》りで、昨晩カジノで持ち金をいっさいがっさいすってしまった、とぼそりと呟《つぶや》いた。私は飲みかけていたコーヒーを吹き出しかけ、そのせいで舵がぐるりと回ってしまい、《ラ・チチャ》の航路が乱れた。品行方正、世の中の汚れとは無縁のはずの生粋《きっすい》のサルデーニャ人の彼が、俗悪なカジノへ行ったとは……。サルヴァトーレは、せきを切ったように声を上げての男泣きである。

「世間知らずで良心の固まりのようなこの自分を、欲深いリグリア野郎はまんまと騙《だま》しやがった。二倍にも三倍にもしてやると言われたのを、真《ま》に受けた自分の間抜けさが恨めしい。村に残してきた妻や四人の息子達へ仕送りする金だったのに」

ただでさえ金銭に執着するリグリア人である。目の前に朴訥《ぼくとつ》とした、人の良さだけが取り柄のようなサルデーニャ人が現れたら、はぎ取るしかないではないか。カジノで騙されるサルヴァトーレの様子が、目に浮かぶようだった。昔から、世間知らずのサルデーニャ人が島を出て最初に着く大陸側のリグリアに上陸するや、いいように騙されてきた話は尽きない。何世紀も続く儀式のようなものなのだ。

サルヴァトーレの息子達は皆、三十歳を超えているのだが、全員が無職なのだという。職探しするでもなく、四人ともものらくらと親の脛《すね》かじりをしているらしい。貧しいリグリアに負けず劣らず、サルデーニャ島にもまともな産業はない。一家で稼ぎがあるのは、サルヴァトーレだけなのだった。

「リグリア人は、俺達サルデーニャ人の敵だ。船長、どうかリグリアには今後けっして近寄らないでください！」

サルヴァトーレは、空に向かって狼のように吼《ほ》えた。


そして、船は行く。船首をさらに外海へ向けて。これまでいったいどれだけの船が、何を積みどういう人の気持ちを乗せて通り過ぎていっただろう。

現在の速度は、七ノット。ジェノヴァには入らずに、予定通りこのままポルトフィーノまで直行することにする。予定より船足が速いようなら、ポルトフィーノも通り越してセストリ・レヴァンテまで行こうか。《静寂の湾》に入ればいい。

エンジンは小さな唸《うな》り音を立て、船はほとんど揺れることもなく進んでいる。海は穏やかだったが、舵を手に、羅針盤を確認しては前方の海を見て再び羅針盤、と気を緩めることはない。右も左も、そして前もうしろも、視界には海と空があるだけだ。全方位に広がる水平線を見続けているうちに、自分が円の中央の点に立っている錯覚を覚える。エンジンの音と船先が分ける波音しか聞こえない。何を考えるということもない。頭の中が次第に空っぽになっていく。

何時間くらい経っただろう。昼は過ぎ、しかし夕刻まではまだ間がある気怠《けだる》い時間帯だ。たしかこの辺で会えるのではないか。海は今日、私達にとっておきのショウを披露してくれるだろうか。海に暮らす一員として、ぜひ挨拶《あいさつ》をしておきたい。

コーヒーを淹《い》れるため、船室へ下りる。甲板に比べると、船底は揺れが大きい。エスプレッソマシーンをコンロにかけて、ひっくり返らないようにそばに立って待つ。ときおりコンロのそばの舷窓《げんそう》から海を見る。

あれ？　二百メートルくらい向こうで、黒くキラリ。確かに見えた。鯨に違いない。海上に見えたのは黒く光る大きな背だけで、それもすぐに沈んでしまった。

どうしよう。コーヒーなど放《ほう》っておいて、今すぐ甲板に駆け上がって行方を追おうか。五十数えて、決めることにしよう。

三十五まで数えたときエスプレッソマシーンからコーヒーが吹き上がると、四十で甲板へ駆け上がり、五十数えたその瞬間、コーヒーカップの向こう側に鯨が突然、姿を現した。一瞬だったが、鯨と目が合ったような気がした。ただそれだけだった。後に波も音も残らなかった。

黙って白ワインの栓を抜く。サルヴァトーレと無言で乾杯した。一杯目はそのまま大海に空けて、鯨に〈この先もよろしく〉と、挨拶した。

サルヴァトーレはエンジンを止めた。緩やかだったが、風が出始めている。

サルヴァトーレが、どういうコネを持っているのかは知らない。ここポルトフィーノは、世界のVIPが自家用ヨットで乗りつける、地中海のサロンと呼ばれるこぢんまりとした港である。一般の船舶は、ふつうの伝手《つて》では入港すら難しい。錨泊《びょうはく》するなど、不可能に等しい。沖合から港湾の管理事務所と連絡を取ろうとする私に、

「私に任せてください」

サルヴァトーレは言い、躊躇《ちゅうちょ》することなく堂々と湾内に船を進め、桟橋に沿って長々と英国式に船を横付けしたのである。一般的には、船尾を桟橋に向けて留めるのが常識だ。英国式に船体を付けると、数艘分のスペースを独占することになるからだ。もちろん英国式のほうが船からの乗降には便利だが、よほどの重鎮かコネがないと許可されない、特別で贅沢《ぜいたく》な錨泊方法なのである。

サルヴァトーレが横付けしたその桟橋は、知る人ぞ知る名レストラン《ラ・グリッタ》専用の桟橋だった。海からでないと入れないこの店は優雅で落ち着いていて、現世と思えない。コーヒーを頼むだけで、気分はすでにハリウッドスターだ。食事でもしようものなら、オナシスになったような気持ちになるのかもしれない。

沖合には互いに邪魔にならない距離をおいて、数隻の大型船が錨泊している。船というよりも、海上に浮かぶホテルと言ったほうがふさわしいようなものばかりだ。四十メートルはあるだろうクルーザーはアラブの石油王が船主で、気が向くと王様は数十人の妻や娘達を連れてポルトフィーノまでショッピングにやってくるのだという。《ラ・グリッタ》は、そういう特殊な世界に住む人達のわがままを満足させるための店だった。店は客の希望を受けて開き、閉店時間は客の都合に合わせて決まる。

美女と素晴らしい夕食を終え、

「月が見たいわ」

ふと彼女が、呟いたとする。給仕にチラリと目配せをすれば、「はいどうぞ」。レストランの入り口で、モーターボートが二人を待っている。

陸に上がって踊りに行きたいが、ヨットで来ているので車がない。「ご心配なく」ボーイは下がり、桟橋の袂《たもと》に車が滑り込む。

ポルトフィーノ・マジックである。望みはすべて叶《かな》うのだから。

私は、船上から改めて港を眺めた。五月のイタリアは、どこへ行っても美しい。一年じゅう美しいポルトフィーノだが、中でも新緑の季節のすばらしさは格別だ。海岸線に沿ってゆっくりと進んでは戻る。一帯はリアス式海岸特有の凹凸に富んでいる。海陸には新緑、そして初夏の濃紺の海、雲ひとつない瑠璃色《るりいろ》の空。風に吹かれているうちに、身体《からだ》の内側から幸福感がこみ上げて甲板にじっとしてはいられなくなった。気が付くと、私は海に飛び込んでいた。サン・フルットゥオーゾ近くだったか。

この付近の海底には、航海の安全を祈るために高さ十数メートルものキリストの彫像が沈めてある。潜って、そのキリストの指先に触れてみたくなった。舵をサルヴァトーレに任せて潜ってみたものの、指先に辿り着くまで息は続かず断念して水面に顔を出した。

サン・フルットゥオーゾには、八世紀に建立された修道院が現存する。この修道院も、海からしか行けないところに建っている。修道院建立以前から、ここは地中海を航海する船にとって重要な中継地点としてよく知られていた。海岸近くに、清水《しみず》のたっぷり湧《わ》き出る泉があったからだ。エジプトの船、古代ローマ帝国やサラセントルコにスペインの船……。古から、長い航海に出る船が抱える問題は国や宗教の違いを超えてただひとつ、どこで飲み水を補給するか、だった。

すでにサルヴァトーレは、自分の寝台に引き上げている。私も一服したら、寝ることにしよう。船は波に体を任せている。

イタリア周遊の旅の第一航路は、ここで終了だ。明日から第二航路に入る。

第2航路

ポルトフィーノ

（リグリア州）

〜

エルバ島

（トスカーナ州）

五月二十九日

「船長どの、貴船にお邪魔してもよろしいかな？」

この声、忘れもしない。

「もちろんですとも」

私は笑いながらそう答え、声の方を振り返った。教授は、昔とまったく変わっていなかった。子供のようにうれしくて堪《たま》らない様子で大急ぎで靴を桟橋に脱ぎ、ひょいひょいと道板を歩いて身軽に船へ飛び降りた。甲板で教授とがっちり抱き合う。すぐにはことばが出ない。また会えた……。

「ようこそ！」

私はやっとそれだけ言い、教授の肩や背をパンパンと叩《たた》く。抱き合って再会を喜ぶ私達の下で、船は静かに揺れている。長い抱擁からやっと身体を離した。教授はうれしそうに私の船《ラ・チチャ》を眺めている。ゆっくり回りながら、ときおり素足で床をいとおしそうに撫《な》でている。チーク材の床は真水で洗ったばかりで、さらりとして気持ちがいい。百キロ近くはあるだろう教授が甲板の上を左右に移動するのに合わせるように、船も左へ右へとゆっくり揺れている。

「君にとっては、これが初めての二本マストだよな」

感慨深そうに教授は言う。

「舵は船外に設置されていて、伝統あるレウド船と同じ構造だ。そして全部マホガニー材の帆船とは……。あいかわらず、君はほれぼれするほど破天荒な男だねえ！」

「でもね教授《プロフェッソーレ》、このあいだどうにも痛くて堪らず歯医者に行ったら、この先の治療になんと四千万リラ（約四百万円）もかかる、と言われましてね。最近テレビ番組出演の話もパタリと来なくなって並びのいい歯をむいて作り笑いする必要もなくなったし、歯医者通いの代わりにこの船を買うことにしたんですよ。同じ額だったら、歯よりもやっぱり船でしょう⁉」

教授は深く頷きながらも、

「それで、〈永遠なる借金〉を背負い込んだわけか。いくら安く手に入れたとはいえ、修理や手入れで、結局は新品の樹脂製ヨットを買うのと同じくらいかかっているんだろう？」

……たしかに。

「この船が沖合に錨《いかり》を下ろしたまま放り置かれているのを見たときから、しびれるものがありまして」

教授は、

「そうだろうね。わかるよ。ひと目惚《ぼ》れだったわけだ」

クックックと喉《のど》の奥で堪《こら》えるように笑っている。

「キャプテンすみません、ちょっと手を貸していただけないかしら?」

きりりとした声がして振り向くと、桟橋に小柄で活発そうな若い女性が立っていた。教授の娘のジュリアだ。できの悪い生徒、といつも教授が言っていた女の子が、すっかり大人の女性に成長して目の前にいた。ジュリアは、両手に〈グッチ〉や〈フェラガモ〉など、ブランドネームが入った紙袋をいくつも下げている。ポルトフィーノに来てショッピングするのは、若い女性にとって一種、義務のようなものだろう。

「お高い義務だ、まったく!」

父親は渋面だ。サルヴァトーレが、急いで手を貸す。若い女性の訪問に浮き立っているのを隠すかのように、やたらきびきびとしている。

「どうぞこっちに、お嬢さん。荷物は私が積んであげますよ」

厳つい手で彼女の手をぐいと引いて船に乗せてから、サルヴァトーレは買い物袋や靴を運び込んだ。

「その格好で道板を事無く渡ってこられたのは、奇跡だね」

私が呆《あき》れたのは、ジュリアが象の足のような厚底のサンダルを履いていたからだ。

「キャプテン、わかってます。すぐに脱ぎますから。でもまず挨拶させてちょうだい！」

そう言うや、小学生のときと同じように私の首に飛びつき、両腕を回して頬《ほお》にキスをした。

「キャプテン、私の寝台はどこ、どこ？」

大きな目をくるくるさせて、おてんばだった小学生の頃と変わりない。

「もちろん船首だよ。見習い水夫は船首、船首！」

おむつをしていた赤ん坊の頃から知っている。ジュリアは、私にとって娘か妹のようなものなのだ。

「サルヴァトーレ、お嬢さんの荷物は船首へ持っていってやってくれ。終わったら、《ラ・グリッタ》の支払いを済ませて、出航だ」

《ラ・チチャ》はポルトフィーノを後に、沖へと静かに滑り出した。背後には、港を見下ろす位置に建つ城が見える。できすぎた背景だ。映画のロケ地に選ばれる理由《わけ》がよくわかる。

さよならポルトフィーノ。またな。

風はそよぐ程度。船の前方に三角帆と後檣《こうしょう》の帆を張り、わずかな風を拾い集めるようにして進む。これからティグリオ湾を渡るのだ。

五月の薄い陽射《ひざ》しの下、帆を張って海に出る者はまだ少ない。八月のピークにはモザイク模様のように、ありとあらゆる帆船がこの湾にひしめくことを思うと、とても同じ場所にいるとは思えない平穏さである。

「クレジットカードがまだSF世界の話だった時代、観光用の客船は、港ごとに現金や見目麗しい婦人を乗せられるだけ乗せて出航したものだ」

教授はそう言ってから、ふと黙った。まだ冷たい海へ娘が果敢にも飛び込もうとしているのが、目に入ったからである。彼女でなくとも、たしかに今日は海に飛び込みたくなるようなすばらしい晴天である。パラッジ湾の前を通過する。海沿いに松林が続き、頭上には抜けるような青空が広がっている。そして海。こういうことを至福というのだろう。

ザブン！　勇気ある十七歳は、ついに藍色の海の中にいる。贅肉のない、しかし適度に丸みのある弾《はじ》けるような肢体は、バービー人形か人魚を見るようだ。まぶしくて、サングラスをしっかりかけ直す。

「〈ようこそこの船へ〉か。なかなかいいじゃないか！」

老眼鏡をかけた教授は、私が渡した書類のタイトルをまず読み上げて言った。

「まるで《ラ・チチャ》が、豪華な世界周遊船のようだな」

タイミングよく、船室から淹れたばかりのエスプレッソコーヒーを持って、サルヴァトーレが甲板に上がってきた。

船の速度があまりにゆっくりなので、ジュリアは船の横に付いて泳いでいる。やはりかなり寒いのだろう。できるだけ水面に近いところに浮くようにして、ゆるゆると泳いでいる。水面近くは、陽で少しは温まっているからだ。

教授とジュリアは、《ラ・チチャ》に乗船したお客である。ポルトヴェネレまでいっしょに旅をする予定だ。

教授と知り合って二十年以上になる。お互い海が、船が大好きで、それで親しくなった。彼は科学が専門だが、生まれながらの心優しき詩人でもある。私は教授から、太陽と星の位置から航路を見定めることを学んだ。地中海を航海するために十進法や六十進法で百二十八の計算式があるのだが、地中海はそれほど大きくないので、実際にはあまり必要ない。それでもおかげで、星の位置はよくわかるようになった。どれほどの夜、教授と二人で甲板に出て、ワインを飲みながら夜空を見たことだろう。

「声を出して読み上げてくれませんか。サルヴァトーレの意見も聞きたいので」

教授に、そう言って私は朗読をせがんだ。教授は眼鏡のつるに手をかけて、小さく咳払いをしてから、大学の講義のような調子で読み始めた。

「《ようこそこの船へ

ヨーロッパ大陸から地中海に伸びるイタリア半島は、全長八千キロメートルの海岸線で囲まれています。地中海のことを地元の海の男達は、〈年季の入った桶〉と呼んできました。たしかに〈閉ざされた海〉ではあるけれど、地中海を取り囲む地に住む人々にとっては、いつの時代にも、十分に広い、いや大きすぎるくらいの存在でした。

……目的が貿易であれ戦争であれ、地中海を取り囲む諸国のあいだには、常に濃密な関係がありました。シチリア島に『海は人民を融合させても、離別させない』という古い諺があります。地中海の文化は、オリーブと葡萄の文化です。それは、そこに海があったからこそ、生まれて伝わり育った文化なのです。

ところが十九世紀後半に飛行機が登場すると、それまで四千年にわたって風に任せていた船旅は、すっかり忘れ去られてしまいます。地中海から、船の姿が消えていったのでした》」

「まったく、そのとおり！」

黙って真剣に聞いていたサルヴァトーレが、大きく頷きながら叫ぶ。

教授もふむふむと言いながら、先へ読み続ける。

「……《海を渡る人が消え、古からの港は、通信や運輸の重要な中継地点としての存在価値をみるみるうちに失っていきました。もはや歴史を封じ込めた時代の遺物や単なる景勝地となってしまったところも多いのです。

ご乗船くださる皆さん、埃に塗れた六分儀を磨き、羅針盤と気圧計を睨みながら、ともに帆をあげましょう。かつて古代の戦闘船が、漁船が、旅客船が周航したように、新緑のすばらしい季節に風に吹かれてイタリア半島を巡る旅に出てみようではありませんか》」

朗読し終えると、教授は顔を上げて、

「これ、どこから写したのかね？」

「ひどいな、私が自分で考えて書いたんですよ！」

「放送作家でもある君が、原稿料の出ない文章を書くとは思えん」

「そんなこと、ありませんよ！」

笑いながら私は応《こた》える。

そうこうするうちに、セストリ・レヴァンテに近づいてきた。濃い緑に覆われた岬が見えている。今でこそ港のある陸地とひと続きになっているが、数世紀前までは島だったという。港近くの砂浜には、運搬業務用の船が多数引き上げられている。夏までに陸で点検や補修をするのだろう。まだ海運が主流だった時代、この地方の船大工達によるレウド型の帆船が、五月にもなればオリーブオイルやワインを積んで次々とここから出航していたはずだ。

「最近は皆、〈濡れては乾かし族〉ばかりになって」

サルヴァトーレはブツブツ言いながら、厨房《ちゅうぼう》へ向かう。ジュリアはすでにシャワーも浴びさっぱりとした表情で、炊事を始めたサルヴァトーレに声をかける。

「〈濡れては乾かし族〉って、何?」

「海に遊びに来る人達のことですよ。波打ち際でピチャピチャしているだけ。沖に出るのが怖いんでしょう。でもね、お嬢さん。海ってものはピッツァと同じで、真ん中が一番おいしいのです。波打ち際で遊んでいる人は、ピッツァの縁だけかじっているようなもの。捨ててもいいとこだけ食べてるわけだ」

「ところであんまりヘビーなものは、作らないでね」

拝むように、彼女はサルヴァトーレに注文を付けている。

「重くも重くないも……。チーズを載せたフォカッチャに、ニンニクをたっぷり利かせたブルスケッタ。サルデーニャ産のソーセージがなくて残念だねえ。あのピリリと引き締まった濃厚な味は、海の上にはぴったりなんだけどね」

ジュリアの頼みなど意に介さずという様子で、サルヴァトーレは手慣れた様子で料理を続けている。

午後は、チンクエ・テッレの海岸線に沿ってゆっくりと進んだ。海岸線といっても砂浜はなく、岩がむき出しになった崖《がけ》のようなところが多い。船で通過するには、特に危険はない。教授は鞄からカメラや望遠鏡、ビデオを出して念入りにセットし、真剣に海岸線を眺めている。海まで迫る山の斜面に、狭い耕地が段々に連なっている。斜面を削っては石垣を積み上げて作ったのだろう。道は見あたらない。車はもちろん、ロバすら通れなかったのではないか。どれほど時間と労力がかかったのだろう。気の遠くなる思いで、網の目のような段々畑を眺める。かつては葡萄畑だったらしいが、今では耕す人もいないのか、荒れている。

「昔この一帯で作られていた白ワインの味が、今でも忘れられないよ」

教授は目を細めた。斜面に照り注ぐ陽射しの下、極端に水の少ない環境で育った葡萄から生まれるワインは、辛さと濃さを併せ持つ大地の味がしたのだそうだ。

教授は、望遠鏡を一点に合わせている。

「ああ、あそこだ。あの崖の下の耕地を使ってくれないか、と言われてね。ワイン畑を生き返らせてくれれば借地料はただでもいい、と懇願されて話を決めたんだよ」

どれどれ、と私も望遠鏡で見てみる。

「抜群のロケーションじゃないですか！　悪くないですねえ。ところでガレージはどのあたりにあるんです？」

教授は呆れた顔で私を見た。

「車はずっと向こうにある家の手前で乗り捨てて、そこから畑までは歩きだよ。二時間近くかかる。でもその農地と家のことを若い奴らに話したら、皆、喜んでね」

話しながら教授はシャッターを切り続けている。

「それで今、何人くらいの面倒を見ているのですか？」

「均《なら》すと、三十人くらいかな。出たり入ったりがあるからね。この一帯を貫くような道路はないので、ここには外界から隔離された美しさが残っている。チンクエ・テッレ《五つの地》には、五つの小さな町がある。町から町へ移動するには道を歩いていくしかない。四時間、五時間と歩き続けてやっと着く距離だ。太りすぎの私にはいい運動で、薬害やアルコールからのリハビリ中のあいつらにはいい治療だ。外にいる昔の悪い仲間だって、簡単には誘惑できないし」

五つの町とは、モンテロッソにヴェルナッツァ、コルニリア、マナローラとリオマッジョーレである。港町といっても、船が寄港できるのはヴェルナッツァだけだ。リグリア地方の港の中でも、中継地点として古の時代から船乗りに愛されてきた港である。さすがに今ではそんなこともないが、少し前までは、チンクエ・テッレの出身だ、と言うと、異国人扱いされたものだった。何せ外界との往来はなく、電気やガスの導入も遅れ、当然テレビや自動車もだいぶ後になってからやっと入ってきたような土地だったからである。

私はサルヴァトーレに、船内から冷えた白ワインを一本持ってくるように頼んだ。目の前の幻のワイン畑を見ているうちに、共同生活をする更生中の若者達の顔が浮かんできて、無性に飲みたくなってきたからだった。

日が暮れて、客人が船を降りるときがやってきた。海をあとにする。それは、雑多な問題が山積みの現実へと引き戻されることを意味している。

「ありがとう」

教授はカメラを持ち上げて、私に挨拶した。

「農園が生き返ったら、自家製チンクエ・テッレの幻の白ワイン、シャケトラの第一本目を君に贈呈するよ」

「知らせてくれれば、農園の下まで船で取りに行きますよ。崖から投げてください」

「もう少し君と旅を続けたかったな。古代の人の辿った海路を、島から島へ、岬から岬へ……」

教授は無念そうに溜め息を吐く。社会に復帰しようと懸命になっている若者達が、あの崖の上で教授の帰りを待っているのだ。

「そのうち何人か、船に送り込んでもいいかな？」

「航路はよくご存じでしょう？　先回りして港で待っていてくれれば、一回に付き三人までは乗せられます」

「チャオ、キャプテン。またね！」

ジュリアが脇から元気よく私に飛び付いて、

「期末試験がうまく行ったら、また乗せてもらってもいい？」

頬にキスをした。

「もちろん。いつでもどこでも好きなだけ！」

サルヴァトーレは、二人を陸まで送りついでに手紙を投函《とうかん》してくる、と出ていった。いまや携帯電話もあれば、陸に上がれば公衆電話もあるのに、サルヴァトーレは頑として書簡派である。電話料金がかかる云々《うんぬん》の問題ではないのだろう。週に一度は、真剣な様子で少なくとも二時間は便せんに向かい、大きな字で丁寧に書き付けている。遠目にも達筆とは言えなかったが、曲がりくねりながらも味のある、温かみに満ちたものに見えた。手紙を書きながら、気持ちの整理をしているのかもしれない。海の旅は自分との対面のようなものであり、未知の己と出会うこともしばしばだ。

私は船内に入り、停泊灯を点けた。

《ラ・チチャ》は、ポルトヴェネレの港正面からだいぶん外れた、リグリア州境に近い地点に錨泊してある。潮の流れで偶然にそこになったのではなく、計算ずくのことである。ここからの海と岬、港町の眺めは絶景だ。絵葉書でもここまで美しくは撮れないだろう。波打ち際ぎりぎりに古い建物が建っている。岬の突端には、バイロンの教会が見える。恋人達のデートコースとして名高い小径《こみち》だ。

私も十六、七歳の頃、勇気を振り絞って好きだった女の子を誘い、ここまでデートに来たことがあった。あのときは、歩くうちにだんだん二人とも無言になっていった。ある場所まで来て、ここぞというムードになったのに、私はどうしても次の行動に出られない。ついに気が付かないふりをしたまま、行き過ぎてしまったのだった。あのとき彼女は、〈キスの地点〉があるのに気が付いていただろうか？　当然わかっていただろう。

昨日までの天気とはうって変わって、出航は到底無理な海、空模様となった。サルヴァトーレを船上に残して、私は陸へ上がることにした。釣り竿《ざお》固定用の受け具を船の縁に付けておくようサルヴァトーレに頼むと、

「イタリア一周の旅を終えるまでには、必ずマグロを釣り上げてみせます」

張りきった答えが返ってきた。

私は港が一望できるバールに入った。鄙《ひな》びて、少し魚臭い。潮で白く曇った窓ガラス越しに、雲が垂れ込めて強い風が吹いている外をぼんやりと眺める。

バールのちょうど正面に海峡が見える。凹凸状に続くリアス式の海岸線の突端の岬と、パルマリア島のあいだに横たわる海峡だ。海峡の入り口は狭いが、湾に入り港に近づくにつれて広くゆったりとなる。外海からこの入り江に入ってくると、ぴたりと

風と波が治まり深い安堵感《あんどかん》に包まれる。母なる港そのものだ。

ポルトヴェネレはごく小さい港だ。しかし、昔からその役割は甚大だった。十二世紀から十三世紀にかけてこの一帯を治めたジェノヴァ共和国は、隣にある重要な軍港ラ・スペッツィアの防衛策を考えた。外海から侵入する敵を手前で食い止めるために、地形的に最適な位置にあるポルトヴェネレに港を作ることを思い付いたのだった。

時代が移って現在でも、湾の最も奥に位置するラ・スペッツィアは、イタリア最大の軍港である。このバールにも、海軍学校の生徒や錨泊中の海軍士官達がたむろしている。海軍学校の生徒達は海の男らしく、飾り気はないがすがすがしい。人生に一点の迷いも悩みもない青年達よ。君達には、うらやむべきマンマが付いている。海のマンマとは、海軍のことだ。つまり、お国が食べさせてくれるし洋服も与えてくれる。シャワーを毎日浴びるように注意してくれ、「上官には手の甲にキスして挨拶せよ」と躾《しつけ》までしてくれるのだから、楽なことこの上ない。しかし海軍の訓練は、大変に厳しい。現在イタリアで、ここまできちんと礼儀作法を教育している家庭は、どれほどあるだろう。

バールにいた海軍学校の生徒が数名、湾に錨泊する《ラ・チチャ》に向かって直立不動の姿勢で敬礼をしている。悪い気分ではなかった。下を向いて照れ笑いしてしまう。敬礼を済ませた学生達が、

「釣り船にしては、木造の古式帆船なんてエレガントすぎるよなあ」

と話しているのが聞こえたが、それもまた世辞に聞こえてくすぐったいような喜びがこみ上げてくる。

次の日、前日の風の最後の切れ端を握り締めるように出航し、沖に出てすぐに帆を張った。数時間でゴルゴーナ島を通り越す。地中海にいまだに残る、流刑の島のひとつだ。二十年前、沖合で舵が壊れてしまい、早急に修理をしなければならなくなったことがあった。近くで寄れるのは、この流刑の島だけだった。有無を言わせぬ緊急事態だったので、「数時間だけという条件で島に係留してよし」という特別許可が公安から出た。そのとき私が乗っていた船は、帆船でなくエンジン付きのわりと大型のものだった。島に着くと服役中の囚人のひとりがやってきて、修理に手を貸してくれた。非常に有能な技術者だった。修理しているあいだ、監視官は機関銃の銃口を彼に合わせてうしろに立っていた。刑期は二十年、と監視官は言っていたっけ。あの命の恩人は、今頃どこにいるのだろう。二十年の島暮らしで、彼のその後の人生はどう変わっ

たのだろうか。

「船長、なんてすばらしい天気なんでしょう！　こんなに澄み切った空気は吸ったことがない。コルシカ島まで見えますよ。ああ、カプライア島も見える。アエタリアの陸地まで見えるじゃないですか！」

　サルヴァトーレが前方に向かって大きく両手を広げながら、興奮して叫ぶ。

「アエタリア？」

　サルヴァトーレに訊《き》き返す。

「すみません、船長。つい古い名前で呼んでしまって。エルバ島のことです」

　アエタリア……。イタリア……。古の島エルバは、イタリアに属する際に元来の名前を放棄したのだった。アエタリアとは、〈火花が飛び散る〉という意味である。鉄砲製造が島の重要な産業だったことに由来する。島の山脈から原料の鉄鉱石が大量に採れたのだった。火花は、イタリア民族の特性といってもよい、本能的なひらめきも意味している。

「よしサルヴァトーレ、エンジン全開！」

　今晩はエルバ島で名物のロブスターだ。

第3航路

エルバ島
（トスカーナ州）

〜

エメラルド海岸
（サルデーニャ島）

六月十二日

朝七時半。引き締まった空気。いい天気だ。甲板に出て、顔を洗い歯を磨く。右手に歯ブラシ、左手にコップ。サルヴァトーレは、すでにゴムボートで陸へ行ったらしい。そよりとも風がない。

私は今、エルバ島、ポルト・フェッライオの湾にいる。一八一四年、ナポレオンを流刑にするためにやってきたフランスの海賊船は、ちょうどこのあたりの位置に錨泊していたはずだ。

耳に入るのは、自分が磨く規則的な歯ブラシの音だけである。ナポレオンのことを考えながら歯磨きをしていると、まるで大砲の筒をブラシで磨いているような錯覚に陥る。

少し離れたところに、ドイツの大型船《フローレ》が錨泊している。ざっと見て、三十メートル近くはあるだろう。甲板に人の影はない。今朝の明け方近くになって、へべれけに酔っぱらった船員達が歌いながらご帰還のようだったから、まだ皆眠っているのだろう。それにしてもドイツ人というのは、なぜあのように正体を失うほど酔っぱらうのか。そしてなぜ酔ったら必ず大声で歌うのだろう。歌って騒ぐだけでは足りずに、次々と夜明けの海に飛び込んでは歓声を上げていた。あの水音から想像するに、かなりの巨体揃いに違いない。

その少し先には、《足るを知る》という名前の帆船が錨泊している。オール樹脂製で、全長六メートルほどのごく小さな船だ。トスカーナ州のリヴォルノから来たという四人家族が乗っている。昨夜、たまたま入った海辺の食堂で隣同士に座り合わせて、この家族と少し話を交わした。小学校四年だという上の男の子は、好奇心満々の元気な子で、すでにいっぱしの海の男のような態度で受け答えするのが微笑《ほほえ》ましかった。私の船のような、古式の木造帆船をこれまで見たことがなかったらしい。男の子は、私が昔の海賊船を修復して乗っている、と信じているようだった。

小学校に上がったばかりの妹は、まだ泳げないのだという。母親が、いつ海に落ちるかと気が気でない、と心配そうに話したら、

「心配しないで、マンマ。落ちたら僕が助けるから」

幼い兄は、まじめな顔でそう繰り返した。

口をゆすいで、海に向かって吐き出す。濁水は白く小さな円状を作り、だんだん広

がってやがて消えていく。白濁した水面下にはすぐ、餌《えさ》でもあるのかと小鯛《こだい》が集まってくる。一本一本慈しむように労《ねぎら》ってやってはいるが、私の歯はもはや最悪の状態である。歯と歯のあいだに隙間《すきま》が空いて、食べ物の大半が口の中に残る。歯の治療の代わりに持ち金をはたいてこの船を買ったのだ。しかたない。魚を食べて、歯のあいだに挟まった分を歯磨きで海に戻す。それをまた魚が餌にする。これぞ食物連鎖そのものではないか。そう気が付いて、実にすがすがしい朝になる。

港の一角にある港湾監督事務所から、警視船が出動するのが見えた。沖合の禁止区域で釣りをしている船を警告しに行くのだろうか。それとも緊急事故が発生したのだろうか。

どうも違うらしい。警視船が向かっているのは、なんと私の船なのだった。

「おはようございます」

お、おはようございます……。

手に歯ブラシとコップを持ったまま万歳するように挙げ、笑って甲板から挨拶を返す。しかし、相手に笑顔はない。職務中には冗談も笑顔もないのが、港湾警備隊なのである。

「あなたが船長ですか?」

はい。

「免許証をこちらに渡して。十時までに港湾監督事務所へ出頭するように」

心臓が止まりそうになる。落ち着けよ、と自分に言い聞かせて船室にゆっくり下り、免許証やその他の書類が入った黄色のビニールケースを取って甲板へ戻る。警備隊員がこちらへ魚を掬《すく》うような長い棒に付いた網を差し出してきたので、そこへ免許証の入ったケースを放り込む。

あの、出頭すべき理由を教えてもらえますか？

恐る恐る尋ねてみる。

「十時にいらっしゃれば、しかるべき責任者がご説明します」

そうですか……。取り付く島なし、だ。免許証を受け取った警備隊は、クールな表情のまま船の向きを変えて行ってしまった。

見ていると、次はドイツの《フローレ》のそばへ行き、やたら大きなサイレンを鳴らした。甲板には誰も姿を見せない。警視船は、再びけたたましくサイレンを鳴らす。それでも誰も顔を出さないので、長い棒のようなもので警備隊員がドイツ船の舷をゴンゴンと叩く。待つこと数分。やっと船室から身の丈二メートル、体重百二十キロはあろうかという金髪の若い男が、のそりと出てきた。警備隊員はさきほど私にしたように手短に用件を述べ、免許証を網で掬い受けると、リヴォルノの《足るを知る》ヨットへと移動していった。ひと通り錨泊中の船を回り、警視船は非情なエンジン音を立てて港のほうに戻っていった。

陸からゴムボートで戻ってくるサルヴァトーレと警視船がすれ違うのが見えた。エルバ島名産の赤ワイン数本をしっかりと抱きかかえたサルヴァトーレは、ゴムボートから私に一枚の紙切れを黙って差し出した。港湾監督事務所からの通達だった。

〈一刻たりとも、沖合に無人で船を錨泊させたままにしないこと〉

紙にはそう書いてあった。違反、と言いたいらしい。そんな規則は、これまでにはなかったはずだ。禁止令の発令日を見ると、ほんの数日前にこのエルバ島だけで発令されたらしいことがわかった。

「こんなこと言われてもねえ、船長。エルバ島だけの禁止令だなんて、ここに来るまでは知らなかったわけでしょ？　昨夕ここに着いたときも、そんな禁止令のことなど誰も教えてくれませんでしたよ。海はまるで油を流したように穏やかだったし、たった一時間半、飯を食いに陸に降りただけじゃないですか⁉」

サルヴァトーレは、どうしても納得がいかない、という顔でブツブツ言う。

「さあ、ワインをあまり長々と直射日光に当てないように頼む。サルヴァトーレ、早く」

「それならドイツ人もでしょう？　あいつら、明け方まで船に戻らなかったのだから」

サルヴァトーレはまだ不満げな様子だ。なんてことだ、と私は空を仰ぐ。すると、マストの停泊灯が点いたままになっているのが目に入った。


いよいよ問題の十時である。

港湾監督事務所の所長室前の廊下にいる。一番最初が私、その次は寝不足と飲み過ぎで顔の腫《は》れたドイツ人船長が並んでいる。最悪のコンディションのようではあったが、それでもドイツの海の男を代表するに十分な貫禄《かんろく》があった。ドイツ人船長は、濃紺の麻のジャケットに白い麻のシャツ、白い厚地の綿パンツという簡素な身なりながら、優雅な雰囲気だ。着こなしからも、彼が由緒ある身上であることがうかがい知れる。そうでなければ、Uボートのような船の船長のポジションに就くには年が若すぎる。ここへ出頭する前に、胃散でも飲んできたのだろう。数分ごとにげっぷを繰り返している。

リヴォルノのマリオは、洗いざらしのショートパンツにゴムのビーチサンダルを履き、息子連れで出頭している。一応、頭にはちょこんと船長用の帽子を被《かぶ》っていて、身なりのアンバランスぶりが小学生の息子とそっくりで滑稽だ。緊張した廊下の空気を親子が和らげてくれている。連れてきた小学生の息子はおとなしく座っているのに、父親マリオはバールから戻ってきたかと思えば、やれトイレだ煙草だ、と落ち着かない。列の中で一番オロオロしている。

「船を離れては駄目だなんて、知りませんでしたよねえ？」

周囲に同意を求めるように繰り返している。

「《ラ・チチャ》の船長」

呼ばれて入ると、海軍士官三人が並んで座っていた。彼らもこの突然の禁止令がかなり強引で、呼び出されて来ている私達が事前にそれを知るには無理があったことをよく承知しているはずだった。しかし今朝こうして三役が揃ったのは、発令されてしまった条例に従うためである。強引とはいえ、法は法なのだ。

「罰金は、二百万から千二百万リラ（約二十万から百二十万円）だ」

三役のひとりから告げられる。

ことばが出てこない。

「船の種類や違反内容に応じて、最低額の倍、もしくは最高額の三分の一が適用される予定である」

その士官は続けた。

つまり、どう転んでも四百万リラ払え、ということじゃないか……。

私は、うーんと声にならない声を上げて、ゆっくりと通達内容を反芻《はんすう》してみる。もうひとりの士官がにやりと笑いながら声を低めて、

「さあ、元気を出して。ここだけの話だけれど、この手の罰金は夏の終わり頃に大赦が政府から発令されて、なんとなくうまくまとまるものですよ。私らだけでも、これまでにざっと千件の違反通告を出していますからねえ」

悪戯《いたずら》っぽい笑顔で士官はそう言い、免許証と罰金振り込み用紙を私に渡しながら、

「私がこういうのも何ですが、すぐに罰金は払わないように。振り込み期限ぎりぎりに、不服申し立てを出してみてごらんなさい。それでなんとなく終結してしまうはずですから」

そう言われても安堵するはずもなく、私は重い気分のまま所長室から廊下へ出た。すると、さあ俺の番だ、という顔で、ドイツ青年船長が威風堂々の足取りで所長室へ入っていく。

〈ドイツ国民たるもの、イタリア海軍などに負けるわけがない〉と、心の中で思って

いるのではないか。そういう顔だった。

一方リヴォルノのマリオは、部屋から出てきた私のそばに走り寄ってきて、

「ねえ、なんて言われました？ チッキショー！ こんなことってあるのかよ。ねえ、それでそれで？」

部屋へ向かってブツブツ言いながら、私に小声でうるさく尋ねる。

「罰金は、一艘につき最低二百万リラ、最高千二百万リラ。最低額の二倍払うか、最高額の三分の一払うかのどちららしい……」

私がそう言うと、マリオは息を呑《の》んだ。

「バカヤロー！ 尼さんのケツでも噛んで死ね！ なんでこの俺が国家の策略にはまらないといけないのか。クソったれ！」

廊下を行ったり来たりしながら、マリオは思い付く限りの罵詈雑言《ばりぞうごん》を放ち始めた。そのこき下ろし方ときたら、普通なら到底、口に出せないようなものばかり。中世に世界各地のならず者が集まってできた港町リヴォルノだけあるな、と改めてその土地柄に感じ入る。さきほどまでの弱気で人のよさそうな父親のイメージとは、がらりと変わってしまった。

「四百万リラなんて大金、俺にはない。欲しけりゃ、俺の船を罰金代わりに持ってけ

ドロボー、だ。自慢じゃないが俺の船は、新品でも四百万リラしないんだぜ。買うときに女房が、『船は金持ちのおもちゃ。平民は、海岸から海を見て楽しめば十分』と猛反対したが、そのとおりだったな。チッキショー、こうなりゃ売ってやる！　だいたいエルバ島の奴らは、昔から下卑た野郎ばかりだ。時代が変わっても永久に最低のままだ。バカヤロー！　おっと、すみません。動揺して口が滑ってしまったようで……」

我に返って照れ笑いしながら私に謝ったが、マリオは怒りでトウガラシのように真っ赤に顔を熱《ほて》らせている。

そろそろ夜も九時を回った頃か。サルヴァトーレはすでに床《とこ》に就いている。ショックは大きかった。リヴォルノ人一家は、あの後すぐに湾から出ていってしまった。湾から離れる前にわざわざ港の港湾監督事務所の前へ船を付け、マリオ船長は甲板から思いっきり立ちションを放ったのだった。何やら大声で叫び、船は旋回して沖合へと見えなくなった。離れていたので彼が叫んだ内容までは聞き取れなかったが、その声の調子からおおよそ想像できた。まったくしょうがない奴だ。

ドイツ人達は昨日と変わらず大騒ぎをし、何事もなかったかのように再び全員で陸へ食事に行ってしまった。船には誰も残らずに。さらに非礼なことに、停泊灯すら点けずにこれ見よがしに船を離れたのだった。

ドイツ人が食事で船を離れた直後に、港湾監督事務所からまた警視船が出動した。甲板に出ていた私は煙草に火を点けて自分の顔を照らし出し、うちの船が無人でないことを示して見せる。警視船は《ラ・チチャ》を通り越して《フローレ》へ近づくと、またあのサイレンをけたたましく鳴らした。これで、明朝も出頭命令が出るだろう。しかし、ドイツ人達は今晩二時を回った頃にフランス領のコルシカ島へ向かって出航する予定だ、と言っていた。

「いったんここから出航すれば、年内にイタリア領海に戻ることはほぼないだろう」

今朝、事務所を出たところでそう私に言いながら、青年船長は渡されたばかりの罰金振り込み用紙を実に憎々しげに細かくちぎり、海へ向かってひと息に吹き飛ばしていた。港湾監督事務所のすぐそばには、真鍮《しんちゅう》の大砲が記念碑として置かれている。もしそれがまだ現役なら、ドイツ人ももう少し態度を考えていたかもしれない。

エルバ島を出て、次に向かう。ジリオ島では、絶対に逃してはならない約束があった。春のごくわずかな期間、島は真っ白な野生のユリで覆われる。強い潮風を受けて咲く珍種だ。白ユリに会いにジリオ島へ行く。

島に着くと、桟橋でブルノーリ公爵が私達を待っていた。陸付け用のロープを投げ渡してくれる。ブルノーリ公爵は小柄で、いかにも育ちのよさそうな気配を漂わせている。若い頃からそうだった。何代も続く島の名家の出で、彼自身はエトルリア文化の研究者としてもよく知られる。エトルリア人は、古代ローマ人よりも古くからこの一帯に住んだ民族である。彼の直系の先祖と言ってよい。夕食はぜひわが家で、と公爵に誘われたので、喜んで出かけることにした。

公爵家での夕食は、過去へのダイビングだった。

「一五四八年、のちのトスカーナ大公メディチ家のコジモが、私の先祖であるグイドゥッチョ・ブルノーリをこの島に送り込みました。当時の敵対国であるスペインやフランス、トルコ、ピサ、ジェノヴァなどが攻め込んでくるのをここで迎え撃つためにね。以来わが一族はずっと、この島暮らしというわけです。この家もその当時からのもので、昔は城塞《じょうさい》だったのですよ」

広大な居間には天井まで届くどっしりとした木製の飾り棚があって、その中に首飾りがいくつも陳列されている。石がはめ込まれた、非常に凝った細工のものだ。エトルリア時代のものなのだろう。公爵の家にあるのだから、偽物ではないはずだ。見惚《みと》れているど、公爵は棚から首飾りを取り出して私の手に載せた。宝石はわずかな動きにも反射して、まばゆい輝きをきらめかせる。

「東方《オリエント》と取引きしていたこの島の大商人が、娘のために作らせたものです。富める商人は娘を取引き先へ嫁がせて、このエトルリアと遠い異国との絆《きずな》を強めようとした。政略結婚ですな。

嫁入りのために娘を乗せた船が出航する前夜、商人の家では盛大な宴会が催されました。花嫁となる娘を囲んで皆は踊り、食べて飲み、歌い続けました。酒と踊りでふらふらになった娘は、群衆に抱きかかえられるようにして船へ運ばれます。明朝その船で娘は異国へと永遠に旅立つ。正気を失っている娘を若い船長は抱きかかえて船室へ運びますが、その途中ふと娘が目を覚ます。一瞬合う目と目。運命の出会いを悟るのに十分でした……。

翌朝、船長は娘の父親である大商人に挨拶をして、出航します。大勢の船乗りは漕《こ》ぎに漕いで、船は港に並ぶ見送りの群衆を背後に沖合へと進む。地中海は、臨海の諸国を融合させる海でもありました。船長は、その融合を助ける水先案内人でもあったわけです」

「それで？」

「その後どうなったか、私は知りません。島側から見た伝説は、そこでおしまい。もし私がその大商人だったら、船長のイチモツをまず切り落としてから、娘を送り出していたでしょうがね」

優雅で高貴で知的な文化人がまじめな顔でしみじみとそう言ったのがおかしくて、私は大声で笑った。いっしょに笑いながら、お互いしょうがないなあ、と思う。

食事を終えて、公爵自ら私を船まで送ってきてくれた。桟橋に繋がれたわが船は、夜の海に静かに揺れている。

「コルシカ島へ向かうには、絶好の天候のようですね。よい船旅を！」

「明日の夜は、コルシカ島への入り口ボニファーチォ海峡に入る前に、いったん沖合で錨泊するつもりです。公爵、いろいろとどうもありがとう」

私は礼を言ってから、ふと尋ねてみたくなった。

「もしあの娘が船長ではなく漕ぎ手の一船乗りに恋をした、としたら？」

「恋する相手にしては、漕ぎ手は汚れて臭すぎたでしょうな」

ジリオ島の沖に錨泊して夜明けを迎えた。朝日に光る海には、ほとんど波がない。甲板から下を覗き込むと、海底まで透けて見える。底まで二十メートルはあるだろう。

今《ラ・チチャ》が留まっているのは島の突端の岬の正面で、昔小舟を漕いでよく釣りに来たところである。甲板では、サルヴァトーレが大きな網を念入りに手入れしている。海で広げれば人魚でも釣れてしまうのではないか、というほどの網だ。私は海に潜ることにした。どうしてもあいつ、アルフレッドを捜してみたくなったからだ。

アルフレッドと出会ったのは、公爵家から招待を受けて、両親に連れられここでバカンスを過ごした夏だった。私は十二歳だった。島の同い年の子供達とすぐに仲よくなり、毎日海で遊んだ。ある日、仲間四人で潜って魚を捕ろうということになった。連日、懸命に訓練をした。コインを海に投げ入れては、海底からコインを拾ってくる。全員がコインを拾えるようになったら、計画実行だった。四人ともウエットスーツや酸素ボンベなどは持っていなかったが、悪戯なマルチェッロが父親の目を盗んで持ち出してきた水中銃があった。魚の捕獲用のもので、銃から飛び出る釣り針にゴムがついているタイプだった。ひとり三十分という約束で、順番に銃を使って魚を捕ることになった。マルチェッロだけ特別に皆の倍の一時間使えることになっていた。しかし腕時計をしている子など誰もいない。結局三十分経ったのかどうかなどまったくあやふやで、いったん銃を手にすると身体が冷えきって唇が紫色になるまで、皆、時間を忘れて潜り続けた。自分の番が来ると、足ヒレをうまく使って水面に浮くように静かに泳ぐ。そして、ここは、と狙《ねら》いを付けて潜る。マダイだ。えいっ！　ピュッと銃から発射した釣り針から逃れようと、魚は必死にもがく。水面に向かって泳ぎつつ、釣り針に付いたロープをたぐり寄せる。海上に首を出し大きく息を吸って獲物を腰に付けた網に入れ、再び大きく息を吸い込んで海中へ。なんと楽しかったことか。

今よく考えると、私達は、針を刺されて血を流す魚を腰の網に入れたまま潜り続けていた。つまり、近くにいる鮫《さめ》に〈ここに獲物がいるよ〉と合図していたようなものだったわけで……。よく無事だったものだ。

もちろん母親達は、私達が毎朝港にある船を無断で拝借していることも、マルチェッロが家から黙って水中銃を持ち出していることも、陸からかなり離れた沖合で素潜りしていることも、まったく知らなかった。

あの日は、朝からギラギラと太陽が照り付けて暑く、銃の順番を船に座って待っているのが辛かった。ついにがまんできなくなった私は、泳いで対岸まで戻ることにした。岩場近くで牡蠣《かき》を採りながら、皆が戻ってくるのを待つつもりだった。釣り上げた魚をいつも買い上げてくれるレストランがあり、そこへ牡蠣も売ろうと思ったのである。

岩場から二メートルも離れていないところで、私はアルフレッドと対面した。〈アルフレッド〉は、信頼関係が生まれてから彼に付けた名前である。そのときはまだ名前のない小ぶりのタコだった。三百グラムくらいだったろう。私がそろりと手を伸ばすと、彼は私の指を食べ物と勘違いしたらしく、細くて白い足をゆるゆると伸ばしてきた。人間の手だとわかった瞬間、アルフレッドはパニック状態に陥って、全身の色を次から次へと変え始めた。まさにしどろもどろの状態だった。わかった、俺が間違えた、もうどこからでも食ってくれ、と開き直ったかのようにも見えた。

私は、正面からその哀れな小ダコの目をじっと見つめた。信じてもらえないだろうが、彼と見つめ合った瞬間、私に心を許す様子がはっきりと見てとれたのである。

アルフレッドは、目のうしろあたりを撫でてやると喜んだ。薄桃色から紫色、藤色《ふじいろ》から真っ赤、というようにそのときの気持ちに合わせて全身の色を変えて、私に意思表示をした。あまり喜びすぎて、足をもつれさせて玉のようになって砂利に埋もれることもあれば、差し出した私の手に器用に絡み付いてゆったり浮遊することもあった。

あの夏、私は毎日、岩場へアルフレッドに会いに行った。これもまた嘘《うそ》だと思われるだろうが、アルフレッドが私の訪問を楽しみにしているのが、よくわかったのである。私が近づくと、しゃっくりをするようなリズムで水中を飛ぶように泳いできたことを思い出す。

あれから何十年も経った今でも、岩陰でタコを見るたびに思わず、

「アルフレッド！」

と声をかけてしまう。

〈タコが、四十年も五十年も生きるわけないだろ⁉〉

そう思いながらも、潜っては岩のあいだを捜している。うれしそうに全身を桃色に染めたアルフレッドが、隙間から飛び出してこないかと待っている。

第4航路

エメラルド海岸

（サルデーニャ島）

〜

カプリ島

（カンパーニア州）

六月三十日

こうなることはわかっていた。予感があった。確実に予知できたことだった。あまりに明白な事態だ。わかっていながら、なぜ事前に防げなかったのか……。落ち着け。気を鎮めなければ。それにしても、ここはどこなのだろう？　右も左もさっぱりわからない。

未知の場所にいる。

すぐ脇を、派手に水飛沫を上げながら、猛烈な勢いでモーターボートが走っていく。あまりの速さに、うしろ姿を目で追うのも難しい。それでも瞬間に見た水上バイク族の目は空洞で、冷たかった。遠くの沖に目を向け、周囲の船の存在などまったく視界に入っていないようだった。

ウワーン、ウワーンというハエの羽音のようなエンジン音を立てて、あちこちで若者達が歓声を上げている。いつの間にか船の周囲には、おびただしい数の人がひしめいている。何を話しているのか、さっぱり理解できない。いったいここはどこなのか。

イライラしながら、何度も燃料の残量を確認する。これならなんとか今晩までは持つだろう。彼方《かなた》に見える岬の突端まで移動すれば、自分の居場所がわかるかもしれない。大きな唸り音を上げながら突進してくる水上バイク族に場所を譲り、こちらはマイペースでおっかなびっくり、そろそろと進む。

船を進めながら、これからの航路を考える。頭上では、ヒュンヒュンと音にならない音を立てて飛行機が往来している。ときおり陸のほうから振動を伴った爆音が響いてくる。地下で何か大がかりな実験でも行われているのだろうか。

気が付くと、私は雑踏の中に立ち尽くしている。ここはどこだ？　こうなることは、前々から予測できた事態だった。怖《おそ》れていたとおりになったわけだ。

そう、私は、迷子になってしまったのである。

地図も羅針盤も持っていない。アキハバラの家電ショップにケータイを置き忘れてしまったので、基地との交信もできない。あの家電ショップを出てから大通りを歩いて地下鉄に乗り、右や左に何度も曲がっては階段を降りて上り、延々と続く地下道を行くうちに、連れとはぐれてしまったのだった。途方に暮れ、買ったばかりのステレオが入った箱を足下に置いて、その上にこれまた買ったばかりのコンピュータ制御の臀部《でんぶ》洗浄機付き便座の入った箱を重ね、エレガントでないことは百も承知でその上に座った。

以前から道に迷うのを怖れていたから、無意識に用意をしていたかもしれない。そう期待しながら、あちこちのポケットをまさぐってみる。ホテルのマッチ箱を持ってきているかもしれない。しかし、そんなものはなかった。これで、タクシーの運転手に無言でマッチ箱を渡す、という救いの道も消えたわけである。地下鉄に乗って帰ろうと思うのは、無謀、不可能、絶望であった。一九八七年にもギンザで地下鉄に乗ろうとして自動販売機の前で立ち往生してしまい、うしろに長蛇の列ができてしまったっけ。販売機の画面にはたくさんの文字が見えるが、どれも解読不可能だ。大きく書かれた文字、いろいろな色で書かれた文字。さっぱりわからない。

どうしよう。基地に戻れない。電話をかけようにも、公衆電話は銀、赤、緑にピンクと色も大きさもさまざまで、どれを使ったらいいのかわからない。適当に選んでテレフォンカードを入れると、画面にはまた読めない文字がずらり。こんな電話は見たこともないので、たとえ英語やイタリア語で書かれていても何が何だかわからないに違いない。

メイド・イン・イタリーの上着の秘密の内ポケットから、最後の切り札を出すことにしよう。こういう場合のために、日本の友人に頼んで日本語でメッセージを書いておいてもらったのだ。

《見知らぬご親切なあなたへ
桜吹雪に心を奪われるうちに
道に迷ってしまいました。
大変に申し訳ないのですが、電話番号 XXXX―0000
に連絡していただけませんでしょうか
私の感謝の気持ちは、酒の泉となって湧き、
あなたの国の八百万《やおよろず》の神のもとへと流れていくでしょう》

しかし必死でポケットの中を探りながら、今朝出かける前に上着を代えてきたことに気が付いた。絶望のあまり、うなだれて足下を見つめる。

「この極東の国では、移動は船ではなく電車に限る。歩けばショッピングだから、店

に気を取られないでちゃんと付いてきてね」

何度も繰り返し言われたことを思い出す。

「そのうちきっと連れが捜しに来てくれるさ。どうか見つけてください」

洗浄便座器の箱の上に座り、うつむいたままそう呟いてみる。しかし、いくら待っても誰も来ない。泣きたい。チリン。足下に誰かが投げてくれた百円玉が転がった。

チャリン……。

二枚目のコインの音で、目が覚めた。目覚ましが鳴っている。舵番の交替時間に、私は飛び起きた。まだ心臓がドキドキしている。目覚ましを止めて、電気を点けた。自分が船室の中にいる喜びを嚙みしめる。十海里も陸から離れた海上にいるとはいえ、夢に現れたトウキョウの地下鉄で人の波にもまれるよりは、ずっと安全で保護された気分だ。

規則正しいエンジン音が聞こえてくる。船は、夜の海を静かに進んでいた。

やっと動悸《どうき》が鎮まったので、悪夢からの生還を祝ってコーヒーを淹れることにした。緩やかに横揺れする厨房でコーヒーが噴き上がってくるのを待ちながら、なぜあんな夢を見たのだろうかと考えてみる。夕べプロヴァンス風のアヒルを食べ過ぎたせいか？　それともウオッカを飲み過ぎたかな。いずれにせよ昨夜のアヤッチョのレストランでの飲み食いは、ちょっと度が過ぎた。胃腸薬を水に溶かして飲み干す。毛糸の帽子を被り、シャツの二枚重ね着の上にフリースのつなぎを着て防水着を羽織り甲板に出た。

六月の終わり頃の海はすがすがしく、とりわけ好きだ。草木が柔らかい葉を付けて花を咲かせるのと同じである。冬のあいだ眠っていた海の生物が目を覚まし、無数の新しい命が生まれてくるのが海上にいても感じられる。海が暖まり海面下に春がやってきたのがはっきりとわかるのは、今夜のような月のない夜だ。漆黒《しっこく》だった海が、紫色や深いブルー、ときおり銀色というふうに、水中から静かに光を放ち始める。舳先《へさき》が切る波は、金粉を散らすように輝きながら船の両脇に跳ねている。そのきらめきのひとつひとつが無数の命の証《あかし》なのだ。闇の訪れない都会では見ることができない、自然の光だ。

不動の姿勢で甲板に立っているサルヴァトーレは、ろう人形のように見える。こぼれ落ちてきそうなほど、天には無数の星が瞬《また》いている。都会のビルの合間から見える、四角や三角に切り取られた空と同じものとはとても思えない。甲板に大の字に寝転がって、しばらく空を見る。

灯《あか》りが見えてきた。ポルト・ヴェッキオの湾口右岸にある灯台だ。サルヴァトーレは灯台を確認するとホッとしたように、船室に下りていく。甲板にいて、すっかり冷え切ってしまったのだろう。頭からすっぽりと毛布を被って横になった。

コルシカ島東海岸沿いを北西風《マエストラーレ》に背中を押されるようにして、船は進んでいる。帆はうまく風を受け止め、風力を溜め込みながら船を前進させている。聞こえてくるのは、舳先がかき分ける波飛沫の音だけだ。羅針盤を照らす赤みがかった明かりに、腕時計を近づける。この調子で行けば、サンタ・マンツァ湾の沖合を通過して、夜明けにはサルデーニャ島北部のボニファーチォ海峡手前に着くはずである。その頃には、風もうまい具合に弱まるだろう。

「やけに吹き込みやがる！」

しばらくして、毛布で身体を覆ったサルヴァトーレが甲板に上がってきた。仮眠を終えて、毛布の下にはフリースや風除《かぜよ》けの防水ジャケットを着込んできている。

ボニファーチォ海峡だ！

サルデーニャ島北部とコルシカ島南部のあいだに横たわるこの海峡には、潮の流れの関係でわずか数センチの高さの差ができると、そこへ待ってましたとばかりに強風が吹き込む難所として知られる。ふいごの中にいるようなものと思えばいい。海峡を挟む二つの島は、それぞれの山岳部が海岸まで迫っている。この山が二つの巨大な壁となり、逃げ場を失った風はさらに力を強める。都会の高層ビルのあいだに吹く突風のようなものである。海は荒れて波は高く、船は波を駆け上っては一気に落ちていく。古代ローマ時代から、この突風現象は〈ネプチューン大皇帝の息切れ〉と呼ばれ畏《おそ》れられてきた。風が強く、海峡に皇帝の苦しそうな息切れが響くときは、この地点をあえて通過しようとする者はいなかった。ときおり向こう見ずな船が海峡を越えようとし、海に消えていったという。古代から、いったいどれだけの船が岩壁に叩きつけられ沈没したことだろう。

しかしこの怒りうねる六海里の区間を通過すれば、コルシカ島へもサルデーニャ島へも、そしてスペインから世界の頂点ローマへ行くにもずいぶんと近道になるのだった。

私はローマ生まれだ。偉大なる世界の首都ローマを築いた、あの古代ローマ人の子孫である。古代ローマ皇帝のガレー帆船の船長として舵を握っている自分の姿を想像して、密かにうっとりすることもしばしばだ。そんな白昼夢の中で、私は皇帝の親友ということになっている。皇帝の船はオスティア港に停泊している。皇帝からはこれまでに幾度となく、地方を治めればたっぷりと報酬をやる、と言われているのだが、私は政治や金儲《かねもう》けには興味はない。それより、世界で最も速いこのガレー船の船長として、いつでも出航できるように港で待機しているほうがずっといい。

絶頂期のローマ帝国は、地中海を支配していた。それは、時代と世界を支配することを意味していた。ガレー船は、頂点に立つローマの最先端技術を満載した、新時代への冒険の象徴でもあった。

古代ローマ時代から十五、六世紀にわたってずっと、スペイン側から海峡に入ってくるさまざまな貨物を満載した大型帆船は海峡の手前で帆を畳み、手漕ぎで恐る恐る、しかしできる限りの全速力で一刻も早く海峡越えをしようとしてきた。島の上からは、通過していく帆船が無事に海峡越えできるか、あるいは途中で難破するかを賭けたりもした。海が、あるいは海神ネプチューンが、〈息切れ〉するのは日常茶飯事なのである。船が人と貨物ごと海に呑み込まれ咀嚼《そしゃく》されて陸に吐き出されるのも、古代からあたりまえの光景なのだった。

船乗りにとっては最大の難関であり、しかしだからこそ醍醐味《だいごみ》である地点に差しかかって、私は少なからず興奮している。帆をすべて下ろして畳み込み、エンジンを半開状態にして、残り三海里を乗り越えるとしよう。ここを過ぎれば、マッダレーナ群島域に入る。そうすれば一帯に散らばる小島に風は当たって砕け、海面も少しは穏やかになるはずだ。そこまでが正念場である。

あちこちに岩が突き出ている。波は次第に高くなる。壁のように立ち上がる波のあいだを船は行く。押し寄せてくる波に包み込まれては、再び外に出る。ドーンと落ちる波は、まるで海の心肺音のようだ。海峡を挟んで二つに分かれた海が、こちらとあちらで互いに息を吐いては吸っている。まさにネプチューンの心臓なのだった。波から出た瞬間に陸が見え、ドドーンという音とともに波の中に包まれる。上がっては強風を受け、下がっては無音と無風の世界。海中と海上を往復するような錯覚を覚える。エレベーターで五階から地下まで一挙に落ちていくような感じと言えばよいか。高所恐怖症やスピード恐怖症の人には、とても耐えられない感覚だろう。ここを乗り越えられればどんな海にでも出ていけるという、海の卒業証書のような難所である。

三、四時間は上下に揺さぶられただろうか。ようやく海峡を越えた。いっせいに帆を上げて、陸をめざす。周囲には、いつの間にかヨットスクールの生徒達が乗る、エンジンなしの小型帆船が何艘も浮かんでいる。ときおり陸のほうからは、爆音を立てて怪物のようなモーターボートが走ってきては、遠くへ去っていく。水飛沫の上に、小さく虹《にじ》が上がっている。ポルト・チェルヴォはもうすぐだ。

「港にやってくる船乗り達が、きっと海の世界とは異なる形や色を楽しみたいに違いない、と思ってね。ポルト・チェルヴォを設計した」

古くからの友人で、地元の建築家のルイジ・ヴィエッティはそう言っていたっけ。

私はひとりで苦笑する。ルイジは創造力豊かな建築家だ。港の設計を依頼されて、もともとこの地には存在しなかった建築様式を、まるで何世紀も前から伝えられてきた伝統建築であるかのように、創《つく》り上げてしまったのだった。

彼が港を設計した一九六〇年代当時は、相当な好景気だった。歌手モドゥーニョの《ヴォラーレ《羽ばたく》》が大ヒットし、ミニスカートを見て青少年達は顔を赤らめていた時代である。そういう時代に、アラブの富豪アガ・カーンは、サルデーニャ島のこの地域に目を付けた。世の中からすっかり忘れ去られてしまったような、実に貧しいこの一帯に資金を注ぎ込んで、地上の楽園を作ろうと決めたのである。それが今日、エメラルド海岸と呼ばれる一帯になっている。金持ちのためのディズニーランド、と言えばいいか。海岸線を買い上げて、リゾート地にふさわしいあらゆる設備や施設を作り上げた。無人で、手付かずの荒野と海しかないようなこの一帯に、アガ・カーンはまず空港を造り、道路を引き、植林し、調和の取れたセンスのよい高級別荘群やホテルを建てた。サルデーニャ島には、ほとんど水もない。島民は、頑固で外部とは簡単に馴染まない気質だ。ビジネスの観点からはマイナスの要素が多い島を、最高級リゾート地として生まれ変わらせたアラブ富豪の功績は計りしれない。

自分の生まれた島に着いて、サルヴァトーレはうれしそうだ。島の方言で、港の人としきりに立ち話をしている。私はひとりでスーパーマーケットへ行くことにした。密かに〈宝石店〉と呼んでいるこのスーパーには、他のどんな大都市の店にもないような高級品や贅沢な嗜好品《しこうひん》が取り揃えてあって、その豪華な品揃えからポルト・チェルヴォにやってくる観光客の潤沢な懐具合が知れるのである。棚には、フランス産のシャンペンやトリュフ、キャビアをはじめ、高級ブランドの鍋《なべ》つかみ、有名デザイナーによるパスタ用湯切りなどが小ぎれいに並んでいる。大枚を叩《はた》いたわりには、買い物袋はやけに軽かった。

アーチ型の外回廊に石壁、外付けの階段という似た外観を持つ家屋が町のあちこちで見られるが、この数十年に新しく建てられたものばかりで、他の地方にあるような数世紀さかのぼる伝統建築ではない。歩いていても、底の浅さというか真実味のない空気を感じる。それはちょうど、張りぼての舞台装置の中を歩く気分に似ていた。

しばらく歩いて、広場の一角にあるバールに入った。

「いつものやつかい？」

注文する前に、カウンターの向こうからよく通る低い声でそう訊かれた。ガヴィーノだった。長年の喫煙で少々かすれてはいるものの相変わらず迫力のある、ウイスキーのコマーシャルなどやらせるとぴったりなのではないか、と思わせる声だ。サルデーニャ島の男は彼に限らず、たいていが実に味のある声をしている。サルヴァトーレもそうだ。サルデーニャの男達はふだんは無駄口を叩かないが、いったん言いたいことが出てくると、ひとつひとつ音節に区切って明瞭《めいりょう》に腹からよく響く声で言う。

ガヴィーノと会ったのは、どのくらい昔だろう。多少の贅肉は付いているものの、鋭い眼光は若い頃のままだ。ナイフのような目で、若い女の子を獲物のように見据えたものだった。いい中年男になった今、家業のバールを引き継いでおとなしくしているのだろうか。食前酒ネグローニを受け取りながら、無言で目を合わせてニッと笑い合う。

しばらくカウンターでぼんやりしていたら、滑り込むようにしてマリオが近づいてきた。相変わらず、全身隙のない洒落た身繕《みづくろ》いだ。最も優雅で容赦ないパパラッチとして、業界や芸能人のあいだで彼を知らない者はいない。高級リゾート地となったサルデーニャ島には、夏になると世界から有名人が集まってくる。いつでもシャッターを切れるように、マリオもすでに現地入りしているわけである。

「船に乗せてもらえないかな？　いっしょに一周しないか？」

頼むよ、という目付きでマリオが言う。

「休暇でのんびりしている人の隙を突くのは、趣味じゃないからな。断る」

「そんなこと言わずに、頼むよ。ミハエル・シューマッハやナオミ・キャンベルの日光浴、高く売れるぞ。売り上げは折半にするから。あちこちのホテルやレストランの情報屋から、連絡が続々と入ってきているんだ。ブデッリ島は獲物だらけだ。僕の船は知られすぎていて追跡には使えないんだよ。厨房脇の窓から誰にもわからないように超望遠レンズで撮るからさ、頼む」

いやはや。

ブデッリ島とその姉妹島のラッツォーリ島は、細かな砂に周囲の珊瑚礁《さんごしょう》が砕けて混じり合って薄桃色に輝く、幻想的な島である。水は、透明ということばが恥じ入るくらいだ。連絡船が発着しているような場所ではないので、いつしか自家用船を持つVIP御用達《ごようたし》の島となっている。島に錨泊するには驚くような高額を払わなければならないため、一般人には近づきがたい。淡いピンク色の砂の大半は訪れた人達が記念に持ち帰ってしまったので、今ではもう姉妹島が頬を染めたような光景は見られない。

「悪いが隠し撮りにつき合っている暇はないな。明日はアルバタックスまで行かなければならない。結婚式に呼ばれているんだ」

アルバタックスに初めて来たのは、三十年以上も前のことだ。〈アルバタックス〉

とは古代トルコ語で〈十四番目の塔〉という意味で、その名のとおり海岸沿いにはサラセントルコが建てた塔が建っている。ポルト・チェルヴォから、エンジンを全開すれば《ラ・チチャ》で六時間くらいのところに位置する。昔から豊かな漁場として知られていて、当時私は釣り具を売る仕事をしていたので、その評判を確かめにここまでやってきたのだった。

三十年前のアルバタックスは、海以外、見事に何も存在しない村だった。貧相な港はいつも閑散としていた。産業も店も通りも賑わいもない。あるのは、〈何もない〉という現実だけだった。地元の政治家は、豊かな自然を利用して観光業に力を入れればよいものを、あろうことか製紙工場を招致した。工場ができれば、五十人分の職場が確保できる。紙の原料はソ連から運ばれ、島でできた製品は大陸であるイタリアへ運ばれるのだから、港の往来も増えるかもしれない。そう期待したのだろうか。

しかし、天国のような澄み切った海に製紙工場の排水が流れ出す前に、工場はあっけなく資金不足で閉鎖された。

私の前には三十年前と同じ海が、目の前に静かに広がっている。

外に並んだテーブル席に座って浜を見ている。からすみ入りのスパゲッティを待っている。

「心構えはできているか？　式はかなり長く続くからな」

ヴィートが尋ねる。花嫁の父親だ。私よりも年下である。

「おう、もちろん。花婿になってもいいくらい、準備できている」

炎のような真っ赤な珊瑚のイヤリングを着け、漆黒に濡れた大きな瞳《ひとみ》のルイザを眺めながら、私は返事した。明日の花嫁は席を立ち、砂浜でパレオを広げると、大胆なビキニで太陽に溶けるようなポーズで寝そべった。

翌朝八時に、内陸に向かってヴィートと車で出発する。内陸の山で式は行われる予定だ。数キロメートルも行かないうちに、舗装された道はじゃり道になった。四方には人影も家屋もない。荒々しい手付かずの自然が広がっている。夕刻に近づくにつれ空は深い紺色に変わり、山の岩肌が白く浮かび上がる。ところどころにある森は、黒い影絵のように見える。

村に入ったとたん、音楽と香草で肉を焼く匂いが出迎えてくれた。聞こえてくる音楽は、イタリア本土の音階にはない調子だ。不思議なステップで、集まった人々は踊り始める。北アフリカなのか。中近東なのか。スペインだろうか。自分がどこにいるのか、よくわからなくなってくる。

「サルデーニャの古式にのっとった結婚式は、儀式がいくつもあっていまだに七日七晩続くんだよ」

ヴィートが通りすがりに言う。花嫁の父は、客への挨拶に大わらわだ。

「昔、村は貧乏だった。何も起きない。結婚式は、皆にとって重大な催しだった。村の牧童がふだん何を食べていたか知っているか？　ヤギのチーズと乾パンだけだ。肉なんて、クリスマスか復活祭、結婚式のときにしか食えなかったんだ」

ヴィートはそう言いながら分厚く切った生ハムを私の皿に取り、ついて来い、と合図した。

「〈靴屋の牛〉がどんな具合か、ちょっと見に行こう」

盛り上がっている宴席を後に、ヴィートと連れだって村の外れへ行く。崖下に大きな岩穴があって、伐採したてなのだろう、鼻を突くような強い香りのするミルトの木片を五、六人の男達がその穴にどんどん積み上げている。穴の入り口には、巨大な肉の塊が用意されている。牛らしい。この祝宴用の料理には、まず靴屋が必要だ。大きな牛の中に野生のヤギを入れ、そのヤギの中には子豚を入れ、子豚の中には野ウサギを、野ウサギの中には山ウズラを、そしてそのウズラの中には野鳥の小鳥を詰め込んでじっくり焼き上げるのだが、一番外側の牛の腹を縫うのに普通の調理用の針では事足りず、靴屋の登場となるのである。この巨大な革製スリッパは、四日間、薪《まき》でじっくり焼かれて完成する。異なった種類の肉が互いに風味を絡み合わせ、奥深い味わいのある逸品が生まれる。村じゅうが、踊りながらこの料理を待つ。

宴席が始まって、三日目だったか四日目だったか。暴飲暴食、二日酔いが重なってよく思い出せないが、夜明けに私は突然、お面とヤギの毛皮をすっぽりと被せられた。首や腕、足に鈴をぶら下げて身体を動かしながらそれを鳴らすように、と周りの者から言われた。結婚式に招待されず気を悪くした山の精霊が村に暴れにやってきた、というシナリオだという。数日に及ぶ祝宴の中弛《だる》みを引き締めるための余興のようなものなのだろう。ヤギの化身は、総勢三十名である。

酒でしびれた身体でヤギに化けて、村の広場に出る。三十人が全身に付けた鈴を鳴らし始めると、まだ眠っていた村のあちこちから、少女から老女まで、女性という女性が飛び出してきた。皆、寝間着のままだ。八十をとうに超えているだろう老女は、走りながら意味不明の方言で何やら叫んで、思い切りほうきで私の尻を引っぱたいた。あまりに大声でがなりたてたせいか、老女の口から勢いよく総入れ歯が飛び出した。ゲラゲラ笑いこけながらも、女性は皆、ほうきでヤギに化けた男達を叩いて回っている。

ヤギ騒ぎの翌日は、誘拐の儀だ。花嫁が、花婿の友人達によって連れ去られてしまう、という儀式だ。花婿が本当に彼女を愛しているかどうかを確かめるためだという。迫真の演技が勢い余って、撃ち合いになることもあるらしい。この儀式には、参加せずに観る側に回ることにした。

こうして第六日目ともなると、新郎新婦は疲弊しきってしまう。目は虚《うつ》ろで顔色は悪く、長年に及んだ清い婚約期間を切り上げて一刻も早く新妻をかき抱きたい、という苛立《いらだ》ちが新郎の全身ににじみ出ている。

海と空。ときおり水面下には亀《かめ》の甲羅が見える。舳先のずっと先にカプリ島が見えてきた。甲板で風に吹かれながら、ゆっくりと近づいてくる島を見ているうちに、厳かな気分になってくる。最初は、水平線と空のあいだに一点、雲のように見えている。次第に姿を現し、数時間後には目の前にそそり立つように現れた島と向き合っている。中世や古代の船乗り達もこのようにカプリ島と対面してきたのだろうか。

時間が止まってしまったのか、あるいは時代を逆行したのだろうか。自分がどの時代にいるのか、再びわからなくなる。船は、現在と過去の波間を揺れている。現実に近づきながら、それは実は異次元への旅の始まりでもある。

揺られながら、この充足感はいったいどこから来るのか考えてみる。

第2部

イタリア半島南部航路

第5航路

カプリ島
（カンパーニア州）

〜

エオリエ諸島
（シチリア州）

七月十五日

「本当の話だ。誓って言う」

ぼそっと言いながら、年老いたその男はズボンのポケットから押し潰《つぶ》された両切りの煙草を取り出して、使い古したライターで火を点《つ》けた。ガスを注入する旧式のジッポーで、すっかり傷《いた》んでいるもののどしりと重い存在感があった。その老人そのままの威厳と風格があった。

「当時、私は米軍の潜水艦に一番下っ端の水兵として配属されていた。敵陣の領海へ乗り込むという段になって海兵仲間のひとりが私の耳元で、『とても俺にはできない。風邪もひいているし。艦長が〈行け!〉と言ったら、お前が飛び込むんだ。誰にもわかりゃしない』と言ったんだ。敵の領海でのサバイバル訓練を受けていたのは私ではなく、その海兵だった。そんな理不尽な頼み事はとても受けられない、と私が言うと、『訓練なんてクソ喰《く》らえだ! とにかくお前が飛び込め。俺より泳ぎが上手《うま》いのだから。陸に上がったら村の年頃の娘をつかまえて、〈ジェンナリーノを知っているか〉と尋ねるんだ。それが暗号だ。もし溺《おぼ》れ死ぬようなことがあったら、残された妻には特別な手当が出るらしいぞ』と譲らない。その頃私達は八ヵ月という長期に及ぶ航海の最中で、なんというか、もうその、〈年頃の娘〉などということばを聞くだけで、潜水艦ごと雄叫《おたけ》びを上げるような状況にあったわけでね。

私とそいつが言い合いしているうちに、艦長が〈行け！〉と艦内にマイクで号令を出した。とたんにその腰抜け海兵は、私の背中を力ずくで押しやがった。それで私は否応《いやおう》なしに潜水艦から海へ放り出されてしまった。ほんの一瞬のことだった。潜水艦は、私ひとりをちょうど今いるこのあたりに残して、すぐに去っていってしまった。月もない真っ暗な、一九四三年の夜だった」

年老いた黒人の元米海軍兵は、そう言って静かにしみじみと煙草を吸った。ふうっと深い一服とともに、長い年月が逆戻りするような感があった。

三日前にカプリ島からイスキア島へ着いて、アラゴネーゼ城を見上げるようにして沖合で錨泊していると、泳いで私達の船へ近づいてきたのがこの老人だった。陸から泳いで船まで訪ねてきてくれるような人は、誰でも大歓迎である。ようこそいらした、と喜んでその老人を引き上げ、迎え入れたのだった。

甲板に上がってひと息吐いたあと、

「自分の人生を大きく変えた海、あのときの航路を再び辿ってみたいのだ」

老人は乗船を乞《こ》うた。人生を変えた海、か。老人といっしょに遍路に出ることを、私はふたつ返事で承諾した。

イスキア島からナポリに向かっていく。目の前には、ナポリ湾を胸元に抱きかかえるようにして、ヴェスヴィオ火山が鎮座している。湾の真ん中から眺める火山は、穏やかで神々しい。

サルヴァトーレは、飛び入りの客が提案した、このちょっとした散歩にどうも納得がいかないらしい。甲板と船室のあいだを繰り返し往来しながら、ひとりで何やらブツブツ言っている。

「なぜアメリカ海軍は、わざわざ目立つ黒人海兵を送り込むようなことを考え付いたのでしょうね?」

老人が背負ってきてくれた地産のワインを開けようと、サルヴァトーレが船室へグラスを取りに下りていったとき、私は老人にそう尋ねてみた。

「当時アメリカ人にとっては、トルコ人もチュニジア人もアラブ人も、そしてイタリア人も皆、黒人と同類だった。私ほど黒くはないにしても、自分達アメリカ人に比べれば現地人も十分に色黒に違いない、と思っていたのだ。生まれつきの肌の色が黒いか、でなければ汚れてすすけて黒いはず、とね。十把一絡《じっぱひとから》げで、現地人は土着民であって自分達白系アメリカ人より劣る人種、と考えていたのだな。裸足《はだし》で歩き回り、ウイスキーの存在すら知らない非文明人、というわけさ。ここ南部イタリアへは黒人兵を連れてくるほうが現地人と見分けが付かず、白人を連れてくるよりはうまくカムフラージュできるだろう、とあいつらは考えたんだ。何か間違ったことを言ってるかね？」

老人は静かに私とサルヴァトーレを交互に見つめ、再び続ける。

「アンツィオで私らは、解放軍兵士として港に降り立った。敵地へ降り立っても、相手の武器は前時代のものでまったく役立たずの代物だということは、百も承知だった。現地人は猿同然、というのがアメリカ側の認識だった。キャンディやトランジスタラジオと交換で現地の若い女の子など自由自在にできると思っていたし、実際にそうだったのさ」

老人が放り出されたのは、アンツィオよりだいぶん手前の沖合だった。イタリアのレジスタンス闘争者達とコンタクトを取るために送り込まれたのだった。

「あの日、ナポリのメルジェッリーナの浜に泳ぎ着いたのは、ちょうど正午頃だっただろうか。最後の力を振り絞って泳いでいた私のうしろから、現地の少年達が数人、私を援護するように泳いで付いてきていた。その子達は私よりも黒くて、生まれたままの姿、素っ裸だった。私は少年達に囲まれるようにして、ようやくのことで浜まで泳ぎきったんだ。彼らといっしょに熱い砂浜にどっと倒れ込んで、しばらくことばも出なかったな。砂の上にどのくらいのびていただろう。やっと呼吸が鎮まり人心地付いてから、唯一知っていたイタリア語を言ってみた。

『ジェンナリーノを捜している』

子供達は、黙ってじっとこちらを見た。中でもいかにも悪戯そうな顔付きの、目ばかりぎょろぎょろした子が、あばら骨の浮き出す胸を叩きながら得意気に、

『ジェンナリーノは、この俺だ!』

と言うと、別の子が飛び上がって、

『ぼ、僕が本当のジェンナリーノだ!』

ついには、七人のジェンナリーノに私は囲まれたってわけさ。私達から少し離れた木陰には、ドイツ兵が二人、制服とヘルメットを脱いで涼んでいるのが見えた。ビールをぐいぐいと空けている。新たなビールを二本注文するごとにウエイトレスのおしりを撫で回して、それが当然の権利と言わんばかりだった。それを見て、私の周りで騒いでいた子達はぴたりと静かになった。皆で四つん這《ば》いのまま後ずさりして、ひっ

くり返して浜に引き上げてあるボートの陰まで移動した。私は二十歳《はたち》過ぎで少年達は十二、三歳だったが、彼らの方がずっと海の男だった。私を急いで隠してくれたんだ。それは私が黒人だからということではなくて、その頃大人の男は皆出征していて、町にいる者は逃亡兵と思われても不思議でなかったからだ。

　そして、私はそのままそこに居着いた。王様のような気分だった。美しい取り巻きに囲まれていたからじゃない。米軍から必要物資が配給される日や場所がわかっていたので先回りしてそれを取りに行き、手下達にそれを渡して闇市で売らせて、つまり闇市を仕切るボスになったからさ。砂糖に小麦粉、コンビーフやヴェポラップ《塗るかぜ薬》など、あらゆる軍需品を売りに売った」

「それで米軍の潜水艦はどうなったんで？」

　サルヴァトーレはおずおずと質問した。

「さてね。どうなったのか知らないな」

　老いた男は小鼻に皺《しわ》を寄せてふんと苦笑いし、沖を見た。

「アメリカに残した妻にはあれから六十年以上会っていないが、戦争未亡人として十分な年金をもらって幸せな人生を送っているはずだ。私は〈戦没者〉。このまま残りの人生をこの地で過ごすつもりでいる」

メルジェッリーナ港に着いた。船を停めて、浜へ行く。一九四三年当時とほとんど変わっていないな、と老人は懐かしそうに眺めている。

埠頭《ふとう》の向こう側から、銀色にぴかぴかと光るステンレス製の三輪車がやってくる。かき氷を売る屋台だ。

「こんにちは、ドン・ジェンナリーノ！　お元気そうで何よりです。かき氷はいかがでしょうか？」

威勢のよい通る声で、氷屋は老人に恭《うやうや》しく声をかける。

「コーヒー？　それともレモンにするか？」

八十歳だというジェンナリーノ老人は、こちらを振り返って尋ねた。

ドン・ジェンナリーノ……ドン・ジェンナーロ……聖ジェンナーロ。ジェンナーロ聖人は、ナポリの守護神である。ジェンナーロの彫像の目からは、毎年血の涙が出る、というニュースを聞いたことがあった。

そんなことをぼんやり考えながらレモンのかき氷をスプーンで掬うと、酸《す》っぱく、天に突き抜けるようなさわやかな香りが口いっぱいに広がった。埠頭の先へ向かって、ツートンカラーの異様に車体の長いリムジンが音もなく走っていく。アラブから着いた、巨大ヨットのオーナーを送り届けるところらしい。

船の丸窓から夕日を見ながら、私は髭《ひげ》をあたっている。髭剃《そ》り用に泡立てた真っ白な石鹸《せっけん》がオレンジに染まる。サルヴァトーレは、いつものように手紙を投函しに行った。

遠くから、ガラガラとスーツケースを引きずるような音が聞こえてきた。今日からうちの船へ来ることになっている客でないことを祈る。飛行機の旅行には大型のスーツケースは便利だ。預けるのに安全だし、自動車にも二個は積み込める。ところが、船に最もふさわしくないのがこの大型鞄なのである。乗船する客には、スーツケースは持ってこないように伝えている。船の空間は限られている。各自の寝台スペースに、あの嵩張《かさば》るスーツケースが置かれるのを想像してもらいたい。船へは、船乗り用の布袋に限る。スーツケースを引きずる派手な音は、桟橋の一番奥で止まった。そこには《ラ・チチャ》の三倍はある、船というよりは動くホテルと言ったほうがよい巨大なクルーザーが停まっていた。

ああ、よかった。うちの客じゃなかった。そう安心したのも束《つか》の間、こちらに向かってやってくる人が目に入った。うちの客、ドン・アントニオは独りではなかった。飼い犬アモスといっしょである。

アントニオは五十代後半の経営コンサルタントで、生き馬の目を抜くような、し烈《れつ》な競争の世界で生きている。仕事は順調だが相当に厳しい毎日で、少しの休みも取れないらしい。〈ドン〉という敬称が大げさだと呆れてはいけない。イタリア南部では、わりと簡単に〈ドン〉になれるのである。潤沢な資金さえあれば、もう〈ドン〉である。その資金をどうやって手にしたのか、借りたのか、しばらく経ってからでもまだその金はあるのか、人格者なのか、それともその筋の男なのか、などあまり細かなことを疑ったり詮索《せんさく》してはならない。いったん〈ドン〉と呼ばれるようになれば、皆が〈ドン〉と呼ぶ。そういうものなのだ。

ドン・アントニオの愛犬であるアモスとは、私も長いつき合いになる。子犬のときにドンの家へもらわれてきて、今は五十キロを超す体軀《たいく》を誇る。飼い主に非常に忠実な、ニューファウンドランド犬である。黒々とたっぷりの毛に包まれた大型犬で、性格は穏やかで人なつっこい。荒々しさはない代わりに、あり余るほどの涎《よだれ》を垂らすのもまたひとつの特徴だ。

ある意味スーツケースよりも扱いにくい愛犬を伴って、アントニオはやってきた。船内に荷物を置いて身繕いをし甲板に出てひと休みしているところへ、ようやくサルヴァトーレが戻ってきた。一人一枚ずつのピッツァと、アモス用にトウガラシ抜きのピッツァ二枚を抱えて。

ナポリから出発だ。アモスは船尾に立ち、遠ざかる港を見つめている。まるで、船の飾りのようだ。沖合へ出て十一時を過ぎた頃、サルヴァトーレに起こされて、ようやくアントニオが甲板に出てきた。実に満足げに伸びをした後、船尾から海に向かって用を足した。アモスも主人の隣で尻尾《しっぽ》を上げて、海へ尻を突き出している。もともと海の犬として生まれてきたニューファウンドランド種である。荒くれた船乗りの生活には慣れている。アントニオはそのまま何も言わずに、再び船室に戻って寝てしまう。

サルヴァトーレが呆れ顔で私のほうを見るので、

「しかたないさ。ドンは仕事でストレスが溜まっているから、オフのときには眠れるだけ眠る。それが休暇の目的なんだ」

肩を竦めて、そう答えた。

午後のわりと早い時間には、カプリ島とエオリエ諸島の中間地点あたりまで行けるはずだ。

ストロンボリ島を通り過ぎると、前方にエオリエ諸島が見えてきた。その中のリパリ島に数年前にアントニオは広い土地を買って、風変わりな夏用の別荘を建てた。常にクライアントから追いかけられ、何か問題が起きたらすぐに飛んで行かなければならないような仕事をしているアントニオが、仕事場からこれほど離れたところに家を建てるなんて。

「エオリエ諸島への足は、不便きわまりないだろ? メッシーナまで飛行機、マルサーラまで車、そして島まで船だ。でも休暇を取るために、現代的な乗り物を乗り継いで島まで行きたくない。生まれ故郷のナポリから帆船に乗って、風に吹かれて島まで旅する。いつ着くのかは問題じゃない。予定のない時間を過ごし、海に任せてのんびり島まで行ってみたいと思っていた」

アントニオは、リパリ島を目を細めて見ながら言った。

「なかなかロマンチックだな。中世的な態度、とも言える。それでこれまで島の別荘には何度くらい行ったんだ?」

「家を建てて五年になるが、これで二度目だ。そんな呆れた顔をするな。これでも必死に仕事を調整して来たのだから」

アントニオは苦笑し船内へ下りていった。

カプリ島からエオリエ諸島へは、地中海の中でも最も簡単な航路のひとつだ。特にそれぞれの島の火山が活動していた頃は。船尾をヴェスヴィオ火山の噴火に合わせておいて前進あるのみ。前方にストロンボリ島の火山の火が見えてくれば、そこに船首を合わせるだけで舵取りの必要がなかったからである。羅針盤が発明されるまでは、この航路ではそうして皆が方位を取り、航海していたのである。火山が目印として使われた航路は、往来が頻繁にあり開けたものだった。夜でも火山の噴火はどこからでもはっきりと見えたので、安心して航海できたからだ。

「企業家や政治家に囲まれて毎日を送っていると、こうして海原の真ん中に浮かんでいるだけですべての重責から解放されて気が休まる。それにほら……」

煙草と本を持って甲板に上がってきたアントニオはそう言いながら、身体のあちこちを両手で探る仕草をして、

「携帯電話を持っていないんだぜ。自由の身なんだ。誰も僕の居場所を知らない」

自分を誉《ほ》めるように言って、本を小脇にはさんで船首のほうへ意気揚々と歩いていった。

さて翌朝。目をつぶっていたアモスが突然、ひくりと鼻を動かし大きな頭を上げた。アントニオは昨日と同様、甲板に出した椅子からずり落ちそうな格好で、鼻に眼鏡を

載せたまま居眠りしている。暇さえあればいつでもどこでも寝入ってしまうアントニオに、長年の恋人のリンダも愛想を尽かして去ってしまった。

「アントニオ、働いているか寝てるかのどっちかしかないのね！」

と、言い残して。

アモスはそんなアントニオの足下へ走り寄り、ウォン、ウォンと太い声で吼え立てる。アントニオは飛び跳ねるようにして目を覚まし、「いったいなんの騒ぎだ！」と、吼え続けるアモスを恐ろしい形相《ぎょうそう》で睨み付けている。その脇にサルヴァトーレがやってきて、実に困ったような顔で携帯電話を差し出した。

「ドン・アントニオ、あの、その、お電話です」

アントニオはアモスの横腹を叩いてなだめながら、サルヴァトーレから電話を受け取った。

「もしもし？」

打って変わって、冷静で穏やかな声で応えている。

「……なぜその事態が？……」

話を聞きながら、イライラと煙草に火を点ける。

「まだ初期段階の状況ですね。すぐに伺います」

アモスが遠吠《とおぼ》えを天に向かってひとつ。私は黙ってエンジンを始動させる。アントニオのバカンスはここでおしまい、か……。

「携帯電話を持っているなんて、私にはひと言も言わなかったじゃないか」

私はサルヴァトーレに責めるように言った。

「妻にしか電話番号は渡していないのです。船長、信じてください！」

思わぬところで隠していた電話が見つかってしまって、サルヴァトーレはバツの悪そうな顔でしきりに謝った。エンジンがかかると、バタバタと無駄にマストを打っている帆の調整に急いで行ってしまう。


これで連続三日、アモスと私は早朝の気泡浴を楽しんでいる。火山帯だ。この近辺には、海底から湯が湧き出ているところが何ヵ所もある。海岸にも岩に囲まれたところから温水が湧き出るところがあって、格好の露天風呂《ぶろ》になっている。観光客がやってくる前に、私とアモスはその露天風呂に浸《つ》かって飽きるまで天然のジャグジーを堪能《たんのう》しているのである。

アントニオはあの電話のあと、島から出る定期フェリーであたふたとナポリへ戻ってしまった。島の別荘は好きなだけ滞在して自由に使ってくれていい、と言い残して。

さあ行くぞ、とアントニオに言われてアモスがあまりにさみしそうな顔をしたので、私の申し出でアモスは残ることになった。

露天海水風呂にアモスは首まで浸かって、リウマチに苦しむ老人のような表情をしている。つまり、ときどき〈あーあ〉と声にならない声を出しては、ふうっと深い深呼吸をし、〈いい湯だなあ〉という顔で湯に浸かっているのだった。私のほうを見て、満足げに目をパチパチさせたりしている。こいつは本当に犬なのだろうか。

露天風呂でゆっくりしたあとは、海でひと泳ぎする。《ラ・チチャ》は、ゆっくり湾の奥で揺らいでいる。

この三日間、船はサルヴァトーレに任せて、私とアモスはアントニオの別荘で寝泊まりしている。別荘といっても、いわゆる普通の住居とは異なり一風変わっている。〈ピーターパン〉に出てくる島を想像してもらえばいい。あの島から、海賊やピーターパンを取り除いて、そこへわずかな島人と観光客を置く。それから、魔法の杖《つえ》を持った気分で、崖の向こう側、こちら側、と気に入った場所を差し示す。あの上には〈寝室〉を置いて、あそこには〈居間〉、そしてあの見晴らしのいい崖の上には〈客用の部屋〉、奥まったところに〈トイレ〉、ぐっとせり出したところには〈バスタブ〉を置き三六〇度のパノラマ風呂を作ろう、という風に。アントニオの別荘は、そういう風にして成り立っている。あちこちに住居空間が散らばっていて、部屋から部屋への移動には細い道や崖沿い、階段、急な坂道を歩いていかなければならない。

夏が終わって秋風が吹くまでに、家具を一ヵ所に集め、ソファーには覆いを被せ、テラスに出していた寝椅子やテーブルにはビニールの覆いを掛け、家仕舞いの準備をしなくてはならない。来年の夏の出番を待つために、別荘は再び長い冬眠に入るのである。

片付けの手伝いにやってきたサルヴァトーレはさきほどから四苦八苦していたが、どうやら竈《かまど》に火を入れることに成功したようだ。薪を燃やす、さわやかで暖かみのある匂いが厨房から流れてきた。

「今晩はサルデーニャ風の料理を作りますよ」

家には電気が通っていないので、竈で煮炊きしてキャンドルで夕食、となるはずである。目の前には、ただ海。そして湾には、私の船。アモスと並んで夕焼けを眺めながら、夜の匂いと薪の香りが静かに周囲に広がっていくのを感じ、ワインを空ける。

昨晩の夕食は、島に独りで住むピアニストといっしょだった。招待されて、彼の家へ行ったのだ。ヤギでないと登れないような細くて急な坂道をしばらく歩いてやっと辿り着いたピアニストの家は、石を積み上げただけのごく質素で原始的なものだった。

家の中はこざっぱりとしていて、装飾品や家具はいっさい置かれていなかった。あるのは、窓からの息も止まるほどの絶景だけである。音楽家はここでピアノを弾きながら、窓から飛び立って非現実の世界を浮遊するのだろうか。

「ネパールを選ぶ者があれば、エオリエ諸島に来る者もいるのです」

ピアニストは書斎のドアを開けて私を中へ通してくれた。中央にグランドピアノが一台、黒く光っていた。あの坂道をどうやって……。想像するだけで、気が遠くなった。

ピアニストは、島の家で演奏していると、満天の星から宇宙のパワーが下りてきて自分の身体に入ってくる瞬間がある、と説明した。そういうときは時間が経つのを忘れて無我夢中で演奏し、やがて宇宙へと飛んでいく気分になり、気が付くと水平線に日の出が見えてくるのだという。

「ぜひ演奏を拝聴したいものですね」

「宇宙からの神聖な力と音楽とのあいだに微妙なバランスが生まれるまで、うまく演奏ができないのです。自分の内側に無限の世界を想像し、そこに宇宙が降りてくるようでないと……。でも、あなたのために一曲弾いてみましょうか」

静かに彼はピアノの前に座り、窓から外へ視線を泳がせた。

「星が降り落ちてくる様子と夜明けの震えを想像しながら聴いていてください」

演奏の後で食後酒を傾けながら、ピアノはフランス海軍がヘリコプターで運んできてくれたのだ、と教えてくれた。運搬の礼として海軍のためにパリで四回コンサートを開いたのだ、とも言った。


「船長、あのう、それでここからはいつ出航なのでしょうか？」

食後、サルヴァトーレはアモスの皿に料理の残りを盛りながら、尋ねた。

「明日、日の出とともに」

宇宙のパワーを想像しながら、そう言ってみる。私がそう言ったとたん、アモスはトマトソースと半熟卵でべとべとの涎を垂らしながら私の股上《またがみ》に顔をなすり付け、大きな濡れた目で問うようにこちらを見上げた。

「あたりまえだろ！」

拳固《げんこ》でアモスの頭を軽く叩く。

「お前もいっしょに来るんだよ」

そのとき島の向こう側から、かすかにピアノの旋律が夜空に向かって昇っていくのが聞こえたような気がした。

第6航路

パレルモ

（シチリア州）

〜

タオルミーナ

（シチリア州）

七月三十日

エンジンを全開にして、無風の海を行くこと十時間余り。今、シチリア島パレルモにいる。パレルモ港を訪れるのは、この十数年で何度目になるだろうか。船を港に付け錨を下ろして、やっとシャワーを浴びる。港は、マグロ漁の漁師や貨物船の業者、荷下ろしをする人、車などがひっきりなしに往来し活気に満ちている。青物市場や魚市場の横には、定期的に島に運ばれる大きな水のタンクが並んでいる。

こうした港町の日常の光景の片隅に、〈桟橋の変人〉と皆から呼ばれる男がいた。何年も前から、もう港の風景の一部になっている。

どうやってその男がこの港町にやってきたのかは、誰も知らない。いつの間にかその男は桟橋に姿を現すようになっていた。いつも独りで、誰と話すわけでもない。人嫌いで無口なのかと思っていたら、どうもことばが不自由らしかった。男に何か尋ねると、こちらの言うことをどれだけ理解しているのか、奇妙な身振りで必死に伝えようとするのだが、結局は誰にも男が何を言いたいのかわからないのだった。その様子は滑稽で、しかし同時にもの悲しくもあった。桟橋に当てなく独りぽつねんと立ち尽くす姿が哀れで、町の人は通りすがりに小銭をやったりしている。千リラ札（約百円）を恵んでもらったりするともう大変で、男はまずは札に恭しく頬ずりをしキスをして、次に鼻の上に札を広げて押し付け、そして尻を大きく振りはしゃいで見せた。まだ終わらない。札を頭上に掲げてヒラヒラさせながら、その場でグルグル回ったりするのだった。ひと通りの儀式が終わると、大切に千リラを札入れに仕舞い込み、中から古新聞を切り抜いて自分で作った百万リラ札を引き出して、相手に返礼として渡した。

　もうずいぶん昔に港に寄ったとき、私は奮発して男に五万リラを渡したことがあった。〈桟橋の変人〉は札を受け取るや、糸の切れた凧《たこ》のようになってしまった。ぎゅうっと五万リラ札を握りしめたまま、男は全身でがたがたと身震いを始めたのである。そのうち札を握ったまま手を力なく落とし、がっくりと肩を下げて首をうなだれたまま、その場でじっと動かなくなってしまった。

「どうした？　偽札じゃない、使えるんだぞ」

私はなるべく優しく男に声をかけた。

「わかってる」

ことばが話せないはずの男は突然、ごく普通に低い声でそう答え、さらに続けた。

「思いもかけないことで、うれしかったのさ。こんな俺に、すまないな。いっしょに飲もう。俺が奢《おご》る」

〈桟橋の変人〉は、実は非常に聡明《そうめい》な男だった。あまりに感覚が鋭すぎて、正気と狂気の境界線ぎりぎりのところにいるような印象を受けた。

それまで私がパレルモの町で聞いていた噂《うわさ》では、男は貨物船の船員としてストックホルムから干ダラを積んでこの港に着いた、ということだった。タラを下ろしてシチリアから果物を積んで母国に戻るはずだったが、着いた港で恋に墜《お》ちたらしい。恋した相手が、パレルモじゅうの男の魂を抜くと噂されていたあの十三歳の小悪魔のような少女だったのか、それとも年中暖かく毎日寝て暮らしてもどうにか食べていける南国の気候だったのか、知る者はいなかった。「春になって町中に広がるレモンの香りの虜《とりこ》になったのかもしれない」と、言う者もいれば、「夜になると路地に漏れ聞こえてくる、身に沁《し》み入る地元の歌が男を縛りつけたのかもしれないな」と、話す者もいた。血のように深い色をした地産の赤ワインも、知ったら最後、逃れられない魅力があるし……。

「パレルモに留《とど》まり、働かずに生き延びるにはどうすればいいのか。考えた末に、気が触《ふ》れたふりをしようと決めた。ボロが出ないように、ことばも話せないことにした。他人が俺のことを『金髪だから北欧の出身に違いない』などと噂するのを耳にした」

男は、いっしょに入ったバールのカウンターで赤ワインのグラスを傾けながら、ポツポツと話し始めた。

「俺は、腹の中で大笑いしながらそうした噂話を聞いていた。北欧どころか、同じシチリアのカニカッティの出身なんだよ、俺は。ひと言でもしゃべったら、ひどい訛《なま》りですぐに正体がばれてしまう。外国から流れ着いた哀れな奇人でいるほうが、シチリアのど田舎から出てきた間抜け者というよりうまく稼げるからな」

男は自嘲《じちょう》するように笑って、私のグラスになみなみとワインを注いだ。

その晩、私は男ととことん飲み明かした。男の話で、《ラ・チチャ》がペルーのトウモロコシから作る酒の名前だと知った。〈チチャ〉とはジェノヴァ方言で、〈ぽっちゃりした〉という意味である。これまでは、ゆったりした船底の外観から、初代の船長が付けた名前なのだろうと思っていた。リグリアで造られた船に、なぜそんな遠い異国の酒の名前を付けたのだろう。

不思議な夜だった。どこまでが正気の世界でどこからがそうでないのか、酔いとともにぼんやりとわからなくなった。そもそも世の中にまったく正気の人などいるのだろうか、と思い始めたところで夜明けになった。カウンターに突っ伏して寝てしまったらしい。目が覚めると、男はもう隣にはいなかった。

その後も男は決して口を開くことはないという。十万リラ札をもらっても、相変わらず無口の変人のままである。

男の住まいは、灯台の下にある倉庫の一角にある。不法占拠である。しかし誰に危害を与えるわけでもないので、港湾監督事務所も黙認している。滑稽な身振りで喜んでみせる〈桟橋の変人〉は、もはや港の名物として風景の一部になっている。男も心得たもので、かつて密かに決心したとおり、黙ってパフォーマンスを続けて結構な日銭を稼いでいるらしい。

数年ぶりに再会した男は、じっと私を見つめた。

「今晩、過ごすところを探しているのか？　俺のところに来るか？」

男は、早口に私の耳元でそうささやいた。

「いや、今日はいい。次来るときに頼むよ。いずれにせよ、ありがとう」

小声で礼を言って、私は桟橋を離れた。

夜のパレルモは、甘く魅惑的である。そよりとも風がない。

市内には、広大な敷地を持つ屋敷が連なっている。その庭園には、樹齢数百年のモクレンやヤシの木が見上げるような高さに伸び、頭上で青々と生い繁っている。ところ狭しと植えられたクチナシやユリ、ジャスミン、レモンの木から、なんとも甘い香りが流れてくる。パレルモの町は、その港を取り囲むようにして背後に広がっている。どの建物もイタリア本土にはない、異国情緒のある建築様式である。アラブ世界の影響を受けたバロック様式、とでも言えばよいか。荘厳で、だからこそ前時代的でどこかしら退廃的な匂いもする建物は、市内の主な通りに沿って並んでいる。二本の大通りは、かつて古代ローマ時代に敷かれた軍用道路のカルド（南北を走る幹線道路）とデクマーノ（東西に走る幹線道路）なのだろう。遠くからかすかに救急車のサイレンの音が流れ聞こえてきて、ああ自分は大都市にいるのだ、と改めて気付く。

「やっぱり覚えていてくれたのか！」

朗々とした声に振り返ると、にこにこしながらスタンコ公爵が立っていた。昔、やはりヨットでギリシャの島巡りをしているときに出会って以来の友人である。公爵は当時つき合い始めたばかりの恋人に特製の香水をプレゼントするため、ヨットで香りを探して各地を回っている途中だった。

「奥さんのイネス夫人が、きちんと私にまで招待状を送ってくれたからですよ。でなければ、ここまで来られない」

「君が来てくれるなんて。何よりの贈り物じゃないか。なんてできた女房なんだろうねえ！　結婚四十五年にして、まだ私の喜びそうなことを一生懸命考えてくれる。こんないい妻、他にいるか？　さあ、こっちへいらっしゃい」

公爵は、サラセン人のごとく小柄だ。真っ黒に日焼けしている。相変わらず、白い麻のスーツに麻のシャツ。足下には、定番のツートンカラーの靴が見える。嫌みにならずに着こなしているのは、さすがである。やけに大ぶりのサングラスをかけているが、ときおりハンカチで目を押さえているところを見ると、彼も年のせいで慢性の涙目になっているのだろう。鼻の下には、染めているのだろうか、不自然なほどに黒々とした髭がきちんと手入れされて上にピンとはねている。普通の人が真似しても胡散《うさん》臭《くさ》くなる風体《ふうてい》だが、公爵は長年のこのスタイルを、絶妙のバランス感覚と生まれながらの品格で、なんとも言えない男の色香に変えて見せているのだった。それにしてもこの色男公爵は、今年でいったい何歳になったのだろうか。

キンと冷えたサラパルータ地産のワイン〈コルヴォ〉が入ったグラスを手に、庭のベンチに公爵と座った。誕生日を祝う宴席が始まるまでしゃべりながら待とう、ということになったのだ。

「弟が何をしでかしたのかは知らないし、あえて知ろうとも思わない。刑期を喰らうということは、それなりのことをしたということだろう？　私が弟と顔を合わせるのは、一年に一回、母の命日だけだ」

スタンコ公爵はワインをひと口飲んで前を向いたまま、きっぱりと言った。

「母が亡くなったとき、弟と私はかなりはっきりと話し合いをしたんだ。弟は、人の上に立って命令したいタイプ。私は、まったく逆。それで農地や牧場、レモンの果樹園などの不動産を兄弟で等分し、海運業の会社経営は弟に全部引き継いでもらうことになった。私は遺産を切り売りしてはきれいな〈蝶《女性》〉に注ぎ込んで、弟は遺産を元手にさらに新しい事業に手を広げている。どの政党の誰だか知らないが、政治家の応援もしているらしい。私は〈蝶《ちょう》の採取〉のために二、三年毎《ごと》にヨットを買い換え、弟は数年毎に刑務所の世話になっているというわけだ。

中に入っているときは、外にいるときよりも睨みをきかせているようで、刑務所仲間からは一目も二目も置かれる存在だという。あれだけの土地を売れば、三代にわたって北欧美女と遊び、ハリウッドから毎日女優を招待してパーティー三昧《ざんまい》してても余るくらいの暮らしができるというのに。あいつときたら……。早朝からやれ新しい工場のオープニングだ、向こうの会社名義を書き換えなくちゃ、と走り回っているよ」

スタンコ公爵は、やれやれと笑って首を振る。笑顔のこぼれる口元からは、白くて歯並びのよすぎる歯が見えた。うらやましいな。慌てて私は、口をすぼめてふふと笑って返す。

それにしてもスタンコ公爵の結婚生活は、自由そのものではないか。公爵とイネス夫人はもともと家同士が決めた結婚で恋愛感情は二人にはないようだったが、それでもお互いを深く信頼しあっているようだった。

公爵は、家にいることはほとんどない。常に高級リゾート地をひとりで巡っては、若い女性を次から次へと追いかけ回している。留守宅で妻は、夫が引き継いだ莫大《ばくだい》な遺産と自分の実家から継いだ財産の管理をしている。最高のタイミングで不動産を売買し農園を貸し、夫の、そして自らの優雅なるサロン生活を維持するのが、妻たる彼女の重要な役目だ。夫が世界各地のホテルやレストランでのんびりしているとき、妻はミラノまでひとっ飛びしてショッピングをしたり、各地から名家の夫人達を招待しては優雅なお茶会など楽しんでいる。ベッドでの夫婦生活は、彼女にとっても興味の対象外らしかった。

そんな夫婦だったが、それでも年に三日だけは必ず二人が揃ってパレルモで過ごす日があった。クリスマスと結婚記念日、そして公爵の母親の命日である。

この三日以外は、公爵は〈蝶の採取〉に忙しい毎日だ。どうやって攻略するか。そのノウハウは、公爵が長年時間をかけて科学的に研究し大枚を投資した成果の賜物《たまもの》である。人生の大半を女性の攻略に費やしてきた公爵にしても、いまだに女性は神秘なのだそうだ。六十歳を目前にして、季節の花束も、熱い流し目も、知的でユーモアに溢《あふ》れるおしゃべりも、光り輝くヨットさえも、女性を口説くには十分ではないことに気が付いた。それでもへこたれずに、公爵は〈優雅な自由人〉の呼び名にふさわしく、午前中は高級マリーナのある港のおしゃれな通りをゆっくりと散歩し、夜は話題のクラブの特等席に座って、自分が踊るには激しすぎる音楽のリズムを指先で取りながら、狩りのタイミングを見計らっている。若かった頃と比べると獲物をしとめる確率はぐっと減ってきてはいるのだが、それでも公爵にとって女性を陥落させることは人生の意義、自分に与えられた天命なのだった。〈任務を怠ってはならない〉。そう思って今日も公爵は旅に出るのである。

今晩も例年どおり、公爵の妻イネス夫人は久しぶりに会う夫に寄り添って客人をもてなしていたし、中庭に用意された食卓では、銀食器やクリスタルのグラスが月光を受けて輝いていた。ごくうち解けた雰囲気ながら、教養に満ちた雑談が嫌味なく続く。

次々と運ばれてくる料理はどれも繊細で美しく、そしてもちろん絶品だった。

深夜零時を回って、港に戻った。私の足音を聞いたのだろう。アモスが船から飛び降りて走り寄り、涎にまみれた口を私のクリーム色のズボンになすり付ける。

この時間になっても、じっとりとした暑さが残っている。相変わらず風はなく、海面は黒くじっと動かない。サルヴァトーレは、と見ると、桟橋に座って足をブラブラさせながら、港で働く男二人と話し込んでいる。三人とも六十歳過ぎで、それぞれがジェノヴァ、サルデーニャ、シチリアの方言でさかんに話している。堂々とした体軀の男は、港湾の牽引船《けんいんせん》の船長フェッルッチョだ。牽引船は鉄でできている。今晩のこの暑さでは、船内はオーブンのようになっているに違いない。

サルヴァトーレの脇へ座り、私も雑談に加わった。

牽引船のフェッルッチョ船長は、父親が見習い船員をしていた頃の話をしていた。

「親父《おやじ》が初めて帆船に乗り込んだのは一九〇〇年の初め頃で、ジェノヴァとパレルモ間の定期連絡船だった。最初の旅は、死者の祭日（十一月初日）。干しダラを満載して出発したものの、凪《なぎ》でラ・スペツィア沖で船はぴたりと動かなくなった。足止めを食うこと、なんと三週間。船上で皆、途方に暮れてしまった。水はほとんど底を突いた。積んでいた魚の臭《にお》いが船中に充満して、窒息しそうだったらしい。親父はその航海のあと死ぬまで干しダラは口にしなかったくらいだから、相当の臭いだったのだろう。待ち続けてようやく気圧が変わり、船は二日でパレルモに到着した」

「今ここにそのマエストラーレが、そよりとでも吹いてくれればなあ」

話を聞きながら甲板長のコジモは、したたる汗を首にかけたタオルで拭《ぬぐ》って溜め息を吐く。

「マエストラーレは、この時季には期待できないだろうな。よく冷えたカッサータなら手に入る。コジモ、すまないが店が閉まる前に自転車でひと走り屋台まで行って、買ってきてくれないか？」

私が小銭を渡そうとすると、まあまあとフェッルッチョ船長が手でさえぎった。そして甲板長コジモがひらりと自転車にまたがり、あっという間に港の奥へと走っていった。アモスはカッサータということばを聞いた端から、早くも大量の涎を流している。

「いったい手押し車何台分の塩をこれまで運んできたことか……」

フェッルッチョ船長は空を見上げるようにして、ふーっと息を吐きながら話を続ける。

「牽引船の前は、オンボロ貨物船でサヴォーナ港とシチリアの塩田のあいだを往復した。二十年間欠かさず、だ。それで塩を数える役を任されてね。船のオーナーからも塩田主からもなぜかひどく信頼されてしまって……」

私は、煙草に火を点ける。焦げつきそうな陽射《ひざ》しの下で、真っ白に輝く塩のピラミッドを想像する。ジリジリと強烈なシチリアの太陽は、塩田に引き込まれた海水をあっという間に蒸発させてしまう。三千年も前からずっと、この一帯では塩田で塩が作られてきた。その方法は古代からほとんど変わっていない。円錐《えんすい》状に塩を積み上げて分量を簡単に量る方法も、ローマ時代に考案されて以来ずっとそのままだ。現在でも月給のことをイタリア語では《サラリオ《salario》》というが、これは塩《サーレ《sale》》に語源を発している。

シチリア名産のアイスケーキ、カッサータが着いた。さっさと食べないと、見ているそばから溶けてしまう。アモスはペロリとひとなめで平らげてしまった。大きな舌で口の周りを何度もなめ上げて、私の口元をじっと見ている。

「ああ、うまかった！ カッサータのあとには、コーヒーが飲みたくなるな」

そこで私が皆を誘って、《ラ・チチャ》に招待した。サルヴァトーレは鼻高々な様子で、鏡面のように磨き上げた船内の厨房へ客人を案内する。

「シルヴェル船長、次の航路は？」

「二時間後にタオルミーナに向けて出航です」

「中継地なしで直行するの？」

「特別な待ち合わせがあるわけでなし。時間だけは十分にあるから、ゆっくり行くつもりだけれど」

私が答えるのを聞いて、フェッルッチョ船長は海図でパレルモとタオルミーナの中間にある一点を指で指しながら、

「それならば、明日の晩はここに留まるといい。すばらしいイサキが釣れる」

にっこり笑って教えてくれた。

それからぴったり二時間後に、私達は港をあとにした。背後からは、牽引船が熱気にくぐもるような警笛を鳴らしている。挨拶代わりに警笛を鳴らすのは、重大な港の規則違反だが。アモスは船尾に前足を乗せ、牽引船に向かって遠吠えで挨拶を返している。船が海上に出たのがよほどうれしいらしく、首と尻尾をもげそうに振っている。

「犬のお前が陸を離れたとたんに船乗りの私と同じようにうれしがるなんて、いったいどういうことだ？」

横腹を叩いてやる。

翌日、沖合からタオルミーナを見る。この一帯の眺めは、シチリアの海岸線の中でも最も美しいのではないか。高くそびえ立つ山々。南西にはエトナ火山が見え、北には歯形のような連峰が海に突き出すように続く。それがタオルミーナ岬だ。イタリアがまだ国家として存在しなかった頃、イタリアが古代ギリシャの植民都市のひとつだった昔、タオルミーナは、〈タウロメニオン〉という名で呼ばれていた。

荘厳な山脈のすぐそばには、現在では豪華なヴィラやホテルが林立している。海から眺めると、それぞれの庭から原色の花や熱帯植物が溢れるように咲き、海の青さをことさら際立たせている。シチリアがギリシャの植民地だった古代、ナクソス港という重要な港があった。現在、その同じ場所にパレルモ港がある。古代のタオルミーナは、どんな港だったのだろう。

今私の目の前に広がる海には、無数のヨットやモーターボート族がひしめいている。海上の混雑を避けて、私はアモスを連れて旧市街を散歩することにした。

市内の屋外ギリシャ劇場跡の巨大な大理石の階段に、観客になった気分で腰を下ろす。眼下にはタオルミーナ湾が広がる。観客席から眺める海は、舞台そのものだ。海面は、ガラス片をまき散らしたかのように輝いている。水平線は遠くで空と繋がっている。聞こえるのは、周囲のかすかな木の葉のさざめきだけである。そこに留まる数千年の時に抱かれる思いだ。言いしれない感動が海から押し寄せてくる。思わずそっと目を閉じた。

第7航路

タオルミーナ

（シチリア州）

〜

バーリ

（プーリア州）

八月十五日

「えっ、なんですって?」

思わず私は大声を出した。

「この船を買いたい、と今おっしゃいましたか!?」

「何も今すぐ、というつもりはありませんよ、船長。今シーズンが終わったらでいいんです。急ぎません」

五十歳を少し超えたくらいだろうか。すっかり惚れ込んだという目で、その男は私の《ラ・チチャ》に視線を戻した。コットンの濃紺のチノパンツに、よくプレスされた真っ白のシャツ。履き古していい感じに馴染んだデッキシューズにサングラス。歯医者なのだという。四人の若い医師を雇っていて、自分が不在でも歯科医院の運営には支障がないのだ、と男は言った。ということは、こうして港の散歩をしているあいだも彼の財は増える一方なのだ。なんていい商売なんだ。長年他人の口を覗き込んだ結果、今、彼は多くの人が夢見ることを手に入れたというわけである。金と自由時間、を。

その彼が、さきほどから惚《ほう》けたように私の船を見つめている。《ラ・チチャ》がもし私の妻なら、すでにその顔面に一発喰らわせているところだろう。しかし、たとえどんな相手からでも自分の船を褒められるのは、やはりうれしいものである。しかも、買いたい、だなんて。

私の中では、〈冗談じゃない〉という声と〈売ろう、売ろう。高く売ってしまおう〉という声がせめぎ合っている。どういう条件なら自分はこの船を売るだろうか。一億リラ（約一千万円）＋無料で総入れ歯、というのではどうか。なんてチャンスだ！　これでまた、リンゴやステーキをがぶりと噛めるようになるのだ。褒められてつい高ぶった気分で、私は早速、歯医者を船に案内することにした。

甲板の上に張った日除《ひよ》けシートが、涼しい陰を作っている。問われるのを待つまでもなく、この船はケッチタイプの帆船で、重量四十キロで総長百二十メートルの鎖を付けた錨を備え、それは自動巻き上げ装置で上げ下ろしが簡単であり、厨房には冷蔵庫もオーブンも揃っていて、というようなことを説明した。懸命に説明しながら、私はだんだん切ない気分になってきた。イタリア半島外れのカラブリアで、この古びた船を買いたい、という物好きと出会うなんて……。この歯科医師パオロは、《ラ・チチャ》を買うということがどういうことなのか、本当にわかっているのだろうか。この手の古い木造帆船は、マイナスの投資、つまり終わりのない借金を背負い込むのと同じなのである。歳月が経てば価値が高まる不動産とは逆で、値打ちは減っていく一方だ。いったい何人の男がヨットのために妻に逃げられたか、わかっているのだろうか。

どうせ冷やかしだろう、と最初は面白がっていた私も、あまりにパオロが乗り気であることに気付き、甲板にまで上げてしまったことを後悔し始める。少し休憩すれば、パオロの興奮も収まるかもしれないと思い、よく冷えた発泡白ワイン、プロセッコを勧めてみた。ところが、冷えたワイン一杯ごときでは、歯医者の決意と熱意はびくともしないようだった。マホガニーでできている部品の細部をいかにも愛《いと》おしそうに撫でている仕草から、その惚れ込みようが伝わってくる。

〈それにしても、よくわかっているじゃないか。見る目があるよ。その部分は、七回もニスを重ね塗りして手入れしてあるんだ〉

感嘆するパオロを見ながら、うれしいような、しかし悔しいような気分で私はそう思う。パオロは舵を手にして、その場で溶けそうな顔になっている。船のデータをもっと知りたい、と言うのでしかたなく、メカについて記載された書類を取りに船室へ下りた。ついでに簡単な設計図も見せることにした。

「えーっと、〈エンジン搭載の船舶《ラ・チチャ》IIIQ〉」

パオロは表記事項をじっくり味わうような調子で、書類を読み上げる。

「〈六海里以上で娯楽目的での航海が許可されている……〉」

歯医者の声は、緊張と感動でわずかに震えている。

「〈船舶の特徴：エンジン搭載。ケッチ式帆船。船舶製造年：一九六一年。製造者：マザンティーニ造船所（イタリア、リヴォルノ）。主要素材・資材：木造（すべてマホガニー）〉」

歯医者は、興奮して乾いた唇をなめてから、再びデータを読み続ける。

「〈全長十五メートル。全幅四・六メートル。先端突き出し部分一・五五メートル。総トン数二十二・八一トン。舵、輪（ハンドル）と舵棒。帆について：マスト数二本。帆の表面積九十平方メートル〉……。ああ、すみません。いただきます」

ワインを注ごうとしていた私の手元に、パオロも自分のグラスを伸ばしてくる。

歯医者を酔わせ、パンチ一発で船の外へ放り出すつもりでワインを注いでいるのか、アルコールで彼の判断力を鈍らせ、アモスとサルヴァトーレ付きで《ラ・チチャ》購入を即決させようとしているのか、私は自分でもよくわからなくなってきた。一方、パオロは相変わらず舌なめずりでもしそうな表情で、資料を読み進めていく。

「〈エンジンについて：搭載エンジン、AROMA。製造年：一九七〇年タイプ、インボードエンジン、ガソリン。サイクル：四サイクルエンジン。シリンダー：内径百十五ミリメートル。ストローク：百二十ミリメートル。シリンダー数：八〉……うーん！」

うれしそうに唸るパオロは、まるで昇天したような表情だ。

「〈排気量：九九七一㎤。最大動力：百六十cv、二〇〇〇回転分。重量：九百六十キロ。補助エンジン：BMW十八cv。ナフタ（原油）：一〇〇〇リットル。水：一〇〇リットル（オートクレーブ）。ビルジポンプ手動、電動。エンジン搭載ゴムボートEVINRUDE九cv。乗組員：最小人数（イタリア海上法指定）資格保持者を含み二名。法定乗組員（上記）を含む、最大搭乗人数（イタリア海上法一九八六年五月三十一日発令）十二名〉……」

自分でまとめた資料を他人が読むのを聞きながら、その内容に改めて感動している自分に気付く。男二人、すっかり陶酔状態になってしまい、しばらく無言で甲板を撫で回す。ひと息吐いて、パオロは再開する。

「〈仕様：船尾から船首へ向かって。まずゆったりとした操縦席があり、操縦席の下にあたる船底にエンジン室。後檣《こうしょう》。船の中央部分くらいから、甲板下に船室が位置する。七段のハッチを降りると船室。ハッチ左側が、操縦監視席で船長室。海図、航路のあるテーブルと電気系統のボードが設置されている。ハッチを挟んで右側は、クルー用の寝台。ドアを開けたところには、広い船室があり、備え付けの二つのベンチは、ダブルベッド二つ分に広げられるようになっている。大檣。さらにドアを開けると、船首へ続く。厨房。ドアの右側に、甲板に直結するハッチ。左側には、シャワー付きのバスルーム。厨房の先にさらに小ドアがあって、備え付けのベッド二台があり、これは補助板でダブルベッドに広げられる。甲板に直結するハッチ〉……。これ、いただいておいてもよろしいでしょうか？」

　データが記載された書類を折り畳みながら、パオロが尋ねた。黙って私は頷いた。《ラ・チチャ》がもし売れたら、と私はときどき考えることがある。それは夢のような話である一方、悪夢でもあった。

　書類を上着の内ポケットへ大切にしまい込み、再び甲板を行ったり来たりする歯科医師は、すでに所有者の顔で船を点検している。それを見ながら私は、誇らしい気分であるのと同時に、黒々とした嫉妬《しっと》が沸き上がってくるのを抑えきれないでいる。

　歯医者は体軀はしっかりしているから、この船を操るのに困らないだろう。私より十歳は若いだろうから、むしろ彼のほうがふさわしい。しかし……。

パオロは別れ際に再び、心から感動したという顔で《ラ・チチャ》を称賛して帰っていった。私はそのまま甲板に立ち尽くして、彼から渡された名刺を見る。名刺からは〈もう私のものです〉と言っているような、どしりとした重さを感じた。出航まで、まだしばらくある。名刺の端をぐらつく歯でぎりぎりと噛みながら、思う。

売るべきか、売らざるべきか……。

翌朝、目が覚めたら九時だった。船内の寝台に海風が吹き抜けて適度に涼しく、すがすがしい。しんとしている。船には私ひとりらしい。太陽はすでに頭上高く、ぎらぎらと照り付けている。海はトルコブルーに輝き、船は気怠そうにゆっくりと横揺れをしている。水深二メートルのところに錨泊しているので、海底がごく近くに見える。水は、思わず手にとって飲みたくなるほどの透明度だ。錨泊している場所は大きな岩場のすぐ下で、岩の背後からのんびりとヤギが啼《な》くのが聞こえてくる。海岸近くにはゴムボートや手漕ぎボートが何艘も浮かび、浜は人で賑わっている。皆、一生懸命に浜の砂をかき分けているのを見ると、潮干狩りをしているのだろう。このあたりでは旨い二枚貝が採れるはずだ。

虹色に光るこの貝は、波打ち際の浅瀬を探せば簡単に見つかる。魚掬い用の網があれば、いくらでも採れるはずだ。ニンニクとトウガラシ、オリーブオイルでさっと炒《いた》めて白ワインをひと振り、みじん切りのパセリをまぶして、茹《ゆ》でたてのスパゲッティと和《あ》える。熱々を頬張ると、口いっぱいに海の味が広がり実に旨い。貝からほとばしる味を想像して、私の寝呆《ねぼ》けた頭がようやくはっきりしてきた。

この近辺には、工場など環境を汚染するものがいっさいない。魚介類の養殖すらしていない。陸も海も汚れを知らないままの姿で残っている。昔からこれといった産業が発展しなかったため、未開発のまま世の中から見放されている。その貧困さのおかげというか、結果的にこの一帯の自然はそのままの姿で保護されているのである。

今日は旨いスパゲッティが食える。そう思うとウキウキして、まずコーヒーを飲む。浜からは、潮干狩りに熱中する大人子供の歓声が聞こえてくる。喧噪《けんそう》が岩に反射して、船のすぐ脇に浜があるようだ。皆のはしゃぐ声とときおり啼くヤギ以外は、あたりに音はない。すべてが海と空に吸い込まれていくような、平穏な空気だけがある。

タオルミーナのスーパーマーケットのビニール袋を手に持って、ひと泳ぎして浜まで行くとするか。

「ものすごく新鮮ですよ、船長！　山ほどいます」

サルヴァトーレは懸命に砂をかきながら、私を見上げてうれしそうに告げる。周囲では大人も子供も四つん這いになり、両手で休む間もなく砂を掘っている。少年が、勝ち誇ったような顔で大きな二枚貝を頭上にかかげる。まわりはチラッと目をやりその収穫を称《たた》えるが、自分達も砂掘りに夢中なので誰も手を休めたりはしない。ふと見ると、アモスも前脚で砂をかき貝を掘り当てては、おいしそうにそのまま殻ごと食べている。早速、私も四つん這いになり潮干狩りを始めることにした。両手で砂を掬っては横へ積むが、手に何も当たらない。潮干狩りは宝くじに似ている。くじを数引くうちに、ぽっと当たったりする。砂掘りに手が疲れてきて、今日は駄目かな、とあきらめそうになる頃に突然、貝に手が当たる。そうなると、後は次から次へと面白いように出てくるものなのだ。獲物に気を取られているうちに、膝《ひざ》は砂に洗われてすべすべになり両手はふやけて真っ白になる。どんどん集まる貝を前に、パセリやニンニク、トウガラシと、食材が頭の中に並び始める。強烈な陽射しの昼下がり、ゆったり揺れる船の甲板で日除けの下に食卓を用意して……。これが極楽でなくて、何なのか。

最初に切り上げたのは、マリアだった。

「ああ、疲れた。昔の浜とは違うわ」

ふうと大きな息を吐く。

「朝から砂を掘って、ブロンズ像のひとかけらも出てこないなんて！」

「まあそんなこと言わないで、奥さん。これだけ貝が採れれば、スパゲッティには十分じゃないですか」

サルヴァトーレははち切れそうなビニール袋を持ち上げて、マリアをなだめる。

マリアはもう五十を過ぎているというのに美貌《びぼう》は少しも衰えておらず、むしろ若い頃とは違った魅力に溢れている。高校時代、ローマで私とマリアは同級生だった。その後、彼女はここカラブリアの男に恋をして、ローマをあとにした。以来、会うことがなかった。結婚して、四人の子の母親になったと聞いていた。年の離れた結婚で、夫はすでに他界している。なかなかのやり手事業家で、妻と子供に家とそれなりの財産、そして建築資材の工場を遺《のこ》して逝《い》ってしまった。マリアは四人の子供を抱えて腕まくりをし、夫の遺した事業を引き継いだ。当時、南部イタリアでは女性経営者は少なかった。マリアはパイオニアだった。夫の死後、仕事に没頭する彼女に周囲は再婚を幾度となく勧めたが、

「忙しすぎて、そんな暇ないのよ」

と、取り合わなかった。

今日も黒い地味なワンピースの水着を着ている。〈恋愛無用〉と、いまだに喪に服する彼女の意思表示なのだろうか。

浜にはマリアの三男も来ている。見とれるような美男子で、父親と瓜《うり》二つだという。彼女が恋人を追いかけて何もない南部へと去っていったとき、私達友人は、「せいぜい二、三年だろう。すぐに尻尾を巻いてローマに戻ってくるに違いない」と、言い合ったものだった。ところが、マリアは二度とローマには戻ってこなかった。

「都会でせかせかと生きて、それで時流に乗っているつもりの人生にしたくなかったのよ」

マリアは凜《りん》とした調子で言った。

「そろそろ家に戻ろうか？」

食事を終えると、美男の息子が促《うなが》した。社長である母を手伝う彼には、会社でいろいろと用件があるのだろう。ゴムボートでマリアとその息子を陸まで送っていくことにした。息子は急いで退席することを私に詫《わ》び、

「仕事もあるにはあるけれど、実は今晩、サッカーの試合があるでしょう？　それで僕は〈南カーブ〉の責任者なもので……」

「えっ、おとなしそうな君がウルトラスのリーダーをしているのか⁉」

あまりに意外で驚く私に、彼は照れ笑いしながら、

「〈南カーブ〉観客席に陣取る過激なファンのリーダーではなくて、スタジアムの安全管理と警備のスタッフなんです。たかがサッカー、と侮れないほどみんな興奮しますから」

と、説明した。


昼食後の町の目抜き通りを、マリアの息子とサルヴァトーレ、そしてアモスといっしょに歩いている。サングラスをかけた体格のよい青年が近づいてきて、マリアの息子に耳打ちした。

「町はすでに今朝から、不穏な空気で……」

「もう暴れているのか？」

「いや、まだ。対戦相手のファン達が、バールで持ち込みの赤ワインを瓶ごと回し飲みしたりしている。どうもただの赤ワインではなくて、いろいろな酒やら何かがミックスになっているらしい。テンションが異様に高くて、大声で応援歌を歌ったり野次を飛ばしてるよ」

「うちのファン達は、どうしている？」

「今のところおとなしくしているけれど、われらがウルトラスも尋常ではないからな。サッカーの応援なんて単なる言い訳で、機会があれば大暴れしたい奴ばかりだ」

サッカーとは子供の頃に夢中になったきり縁が切れていたが、こういうことになっていたとは。

途中、駅前を通ると、ちょうど電車が着いたのだろう。対戦相手側のファン達が、続々と駅から出てくるところに出くわした。その数たるや、大変なものである。男達の目付きは険しく、すでに一触即発の空気が流れている。駅のそばにはパトカーと機動隊の装甲車が列になり停まっていて、ぞろぞろ出てくるファン達を遠巻きに監視している。

「やけに多いな。今晩は危ないぞ。だいぶ負けが続いているからな」

マリアの息子は心配そうに呟く。対戦相手のファンの行列の中からリーダーの姿を見つけて小走りに近寄っていき、挨拶しながら握手している。向かい側のコーナー席で、彼らは応援するのである。今晩は皆をうまく統制しよう、とても挨拶し合ったのだろうか。

私達一行は味方のファンに囲まれて守られながら、スタジアムまでの道を行進することになった。道すがらマリアの息子が私に尋ねる。

「ご友人のアントニオさんは、何時に着くのでしたっけ？」

「深夜零時頃かな。最終電車だったはず」

やれやれ、という顔で彼は頭を振った。

「駅への出迎えは、僕がしますよ。試合が終わって、ちょうどその時間帯に大半の対戦相手のファンが帰るはずだから。勝っても負けても、電車はめちゃくちゃにされると思うな。いい席を取ってありますから、いっしょに観戦しましょう」

あまり乗り気ではなかったが、アモスをサルヴァトーレに預け、久しぶりにサッカー観戦をすることにした。


この南部の外れの町の、しかもサッカースタジアムの特別来賓《らいひん》席に座って、いったい私は何をしているのだろう。ボールがゴールに向かって蹴《け》られるたびに、皆といっしょに飛び上がって同じように怒声を上げないといけないのだろうか。四十年も経って、今さらなぜまたサッカー観戦の興奮など、試してみる気になったのだ。なぜ誘いを断らなかったのだろう。子供の頃から、観衆が吼え叫んで興奮するのを見てすっかり気を呑まれてしまい、いつも場違いな思いをしてきたではないか。

「おい、こらお前！　ゴールしてみろ。ぶっ殺してやる！」

隣の中年男性が、突然立ち上がりピッチに向かって拳《こぶし》を振りかざしながら、ドスのきいた声で怒鳴る。いや、吼えている。五十過ぎくらいだろうか。生成《きなり》の麻のジャケットを腕を通さずに肩に掛け、涼しげな色のネクタイをきちんと締めている。この席は、ただごとでない高価な席のはずである。今、吼えたこの紳士も、そこらのチンピラファンではないはずだ。

どうにも落ち着かないので一服しようと煙草を探しているとそのとき、爆音のような歓声が耳をつんざいた。

ゴオォォォォル！

貴重な瞬間を私は見逃してしまったのだった。罵声《ばせい》と野次、歓声、拍手が怒濤《どとう》のようにスタジアムを包む。興奮して南コーナーのフェンスを這い上がろうとしている、あの小柄な選手がシュートを決めたらしい。ファンはフェンスの向こう側で動物のような声で叫びながら、その選手にキスと賛辞を投げかけている。フェンスから手を伸ばし、選手のユニフォームを引きちぎろうとしているファンもいる。もみくちゃになって、大変な騒ぎだ。うれし泣きしている男もいる。

チームの同僚は、フェンスから功労者を引きずり下ろしてピッチの真ん中まで連れていき、そこで抱き付き頭や背中をしきりと叩いた。そのうち地元のファンからクラッカーが大量に投げ込まれて、もう収拾の付かない騒ぎとなっている。観客席のあちこちから白い紙テープが投げ込まれている、と思ったら、トイレットペーパーだ。もうこうなると、ありとあらゆるものが空を飛ぶ。あらかじめ投げる物を用意してきたのだろう、空き瓶、空き缶、紙屑《かみくず》はもちろん、古靴、腐った卵、崩れかけのトマト、土を詰めた缶、食べかけのパニーニ……。指笛が鳴り、チアホーンが響く。ゴールを祝う、呪《のろ》うのレベルを超えた状況になっていて、ただ単に憂《う》さ晴らしのために暴れ回っているだけなのだ、ということがよくわかるのだった。

そして、2対0。後半残り時間五分。相手チームのリードのままだ。異様な緊迫感がスタジアムに張り詰めている。審判は何度も時計に目をやって、残り時間を確認している。無意識のうちに時計を見ているのだろうが、そのあまりの頻度に、この厄介《やっかい》な仕事に早くけりを付けたい、という思いが見てとれる。気の毒にこの審判は、二点目のゴールのあと興奮してピッチになだれ込んだファンが振り回す大きな旗に思い切りぶつかって、地面にしばらく倒れていた。旗には、黒地に白で真ん中にしゃれこうべが染め抜いてある。

リードする相手側に、さらにペナルティキックのチャンスが与えられた。これで地元チームはいよいよ窮地に追い込まれるわけで、周囲の緊迫度は尋常ではない。騒ぎを見越した機動隊が小走りでピッチを包囲し、警備態勢に入っている。試合の盛り上がりとともに機動隊が出動する光景は、もはやイタリアのサッカーの日常風景である。

試合残り時間あと一分というところで、なんと地元チームが一点を決めてしまった。同時に相手の応援団からは、「オフサイドだあああ！」というものすごい罵声が沸き起こる。審判もかなり迷っているが、ここで無効の判定はとても出せないだろう。有効の判定の合図が出されると、怒り狂った相手側のファンが、ピッチになだれ込んできた。機動隊はスクラムを組んで阻止しようとするが、二人が警官の股のあいだをすり抜け、審判めがけて猛烈な勢いで走っていく。審判はボールを持ったまま、これまた大変なスピードで逃げていく。これではサッカーではなく、ラグビーの試合ではないか。スタジアムは、完全にパニック状態に陥った。油鍋が丸ごと煮えたぎっているような感じだ。もはやスポーツの観戦ではなく、どこかのゲリラ戦の実況中継を見ているようなものである。

騒ぎがなんとか制御されて、試合再開となる。その合間を見て、私は大急ぎでスタジアムから抜け出した。耳鳴りと頭痛を堪えながら、スタジアムの外を歩く。あたりの店はすべてシャッターと鉄格子《てつごうし》を下ろしている。ガラスのショウウィンドウは、鎧《よろい》戸《ど》で保護されている。厳戒態勢だ。まったく人影がない。暑い夏の夜、大通りを涼みがてら散策するにはもってこいの時間帯だというのに。

「それで、電車での旅はどうだった?」

駅では無事にアントニオに再会できた。脇ではアモスが狂喜乱舞で、アントニオの首まで飛び上がり前脚を肩に乗せてウォンウォンと甘えている。

「旅? まったく問題なしさ。ずっと寝てたからな」

よりを戻して同行してきた恋人リンダはうしろに立ってこちらを見ながら、〈相変わらずなんだから〉と、私に目配せしている。

酔い潰れたのか興奮しすぎて気絶寸前なのか、よれよれになったウルトラスが、最終電車の最後部車両に積み込まれるようにして乗せられている。危ない駅から早く離れて船に戻ることにした。

深夜一時を回った頃に、サルヴァトーレが船内から首だけ出して、「できましたよ」と、告げた。再び船までいっしょにやってきたマリアと三男、着いたばかりのアントニオとリンダ、そしてアモスも一緒に、私は、昼に続いて再び貝入りのスパゲッティを堪能する。

食べて、飲んで、客人を寝台に案内して、二時を過ぎた。電気系統、燃料、水を確認して、エンジン始動。出航である。マリアと息子は深夜の防波堤に立って、船に向かっていつまでも手を振ってくれた。

三時。船は、静かに沖を進んでいる。アントニオは、アモスに抱かれるようにして熟睡している。リンダは、次から次へと煙草に火を点けている。海では風に吹かれて、煙草は町で吸う三分の一くらいしかまともに味わえないからだ。未明の甲板で彼女は、アントニオが手がけている新事業について説明してくれた。〈どんな問題も解決する〉というのが、アントニオの業務だという。

たとえば、国際会議に出席した世界各国の政治家を乗せた飛行機が、事故に遭《あ》ったとする。各国への諸手続はどうするか？　そこで、アントニオの登場である。

就任したばかりの二世社長が重圧に耐えきれず突然、「マンマ！」と、社長室で泣き崩れてしまう。社内外に漏れると大醜聞だ。そこで、アントニオ登場……。

「ひどい仕事だな」

私は呻《うめ》く。

「トレンドだけを追いかける仕事よりはましじゃない？」

リンダは怒ったように言い、煙を勢いよく吐き出した。彼女は売れっ子のファッションデザイナーだ。気を許す相手も暇もない仕事に、すっかり嫌気が差しているらしい、と前から聞いていた。

船は皆を乗せて走り続け、翌日の夜にサンタ・マリア・ディ・レウカ港に着いた。カジキマグロ漁船の隣に係留する。

アモスとサルヴァトーレを船に残して、アントニオとリンダ、私は陸に上がることにした。少し歩き出して、ふと私は振り返って船を見る。あの歯科医の熱い眼差《まなざ》しと舵を撫でる仕草を思い出す。

港を歩き、町を探訪しよう。かつてユリシーズがそうしたように。これまでどれだけの旅人や船乗りが、この航路を行き来したことだろうか。古に思いを馳《は》せる。

第8航路

バーリ
（プーリア州）
〜
トレミティ
（プーリア州）

八月二十日

「簡単よ。今や銀行に行くのは、肉屋や薬局に行くのと同じようなことなんだから」

リンダはさきほどから、熱心にサルヴァトーレに説明している。月給二百万リラをどう投資したらいいか、と彼からアドバイスを請われたからだ。

アモスは大きなあくびをしながら伸びをして、船首の方へのろのろと移動する。アモスの指定席だった場所には今、アントニオがごろりと横たわっている。アモスは鼻先でアントニオの横腹を押して移動させ、できた空間に並んで寝そべった。

「まず銀行に入って、こう言うの。『国債を××リラ分ください』。すると窓口の担当者が、住所氏名や取引き銀行、納税番号、年収、希望する利率や解約希望の日付けなど、いろいろ質問してくるはず」

「え、利率？」

サルヴァトーレは訊き返す。舵を取る手元が振れる。

「そう、利率。どのくらいの期間でどれだけ増やしたいか、というあなたの増資計画のことね」

「そうだな、二年後かなあ」

リンダは驚いた顔でサルヴァトーレをまじまじと見て、

「なかなかの心臓じゃないの。二年で元金をそれなりに増やすには、相当のリスクを覚悟で投資勝負に出なくちゃ。国債だけじゃ、無理ね。株でも難しいかもね。カジノにでも行くしかないわね」

「いやあリンダさん、それだけは勘弁してください。実は三ヵ月前にサンレモのカジノに行ったんですが、給料一ヵ月分丸ごとすっちゃいまして。リグリア人ときたら、悪魔よりひでえ奴らでねえ」

「それなら、ヴェネツィアに行きなさいよ！　あそこにもカジノがあるから。そこで全額賭《か》けて勝負に出るか、銀行に預けるか決めればいいわ。銀行に預ければそれほど増えはしないけれど、安全。手数料や税金を差し引いた後に、いくらかの利子も付いて戻ってくるし」

「えっ、ぜ、税金？」

サルヴァトーレが動揺して、舵は再び大きく一〇度ほど航路を外れた。

「そうよ、税金」

あたりまえでしょう、という顔でリンダは頷く。頭の中であれこれ、サルヴァトー

レの元金増額プランを考えているらしい。真剣な顔に戻ると、

「あなたには、長期の投資プランが合っているのかもしれないわねえ。リスクのないタイプ。もし大穴を狙って全部パアになったら、あなたから何を言われるかわからないもの。そうねえ、銀行に六百万リラを預金すれば、利子で一日二杯コーヒーが飲めるわ。どうかしら?」

「預けた金はそのまま銀行にブロックされて、もう触ることもできないわけですか?」

「そうよ。引き出したら、それでプランはストップするでしょ? 全額預けたままにしてはじめて一年ごとに利子が付くわけだけど、その利子を前借りするような感覚でコーヒーが毎日二杯は飲める計算になる、という意味よ」

「それは、税金だの手数料が差し引かれた後で、ということですね?」

サルヴァトーレは、リンダの説明がよく理解できた、ということを示すためにそう聞き返す。

「そのとおり。あなたのお金を守って増やしてくれる銀行も、なんとかして儲けないとならないでしょ、ボランティアじゃないのだから。持ちつ持たれつ、というところね」

「つまりその、給料を三ヵ月分丸ごと銀行に預けて、その代わりに銀行は毎日二杯の

コーヒーをくれる、ということなのですね……」

次第に追い詰められたような表情になって何度も念を押すサルヴァトーレの顔を、リンダは無言で見返してしばらく考えたあと、

「サルヴァトーレ、こういう方法もあるわ。お給料を全部枕《まくら》の下へ隠すのよ」

「いや、それもまた……。枕の下に置いておくには、額が大きすぎます」

そばで黙って聞いていた私は、このあたりでコーヒーでも淹れようかと船室へ下りた。アントニオも同じ考えだったらしい。

コーヒーを飲んでから甲板に戻って、まだリンダとあてでもないこうでもないと話し込んでいるサルヴァトーレに向かって、私はひとつ提案してみた。

「ひとまず二百万リラを私に預けないか、サルヴァトーレ。銀行と違って私なら、毎日三杯、いや四杯のコーヒーを保証してあげるから。どう？　これはいい買い物だと思うけど？」

グイッ。船は、航路をさらに三〇度外したまま進む。思い悩むサルヴァトーレは舵にもたれて、遠くを見つめている。

アントニオは、〈おチビちゃん〉を冷蔵庫から取り出した。

「俺の台所にそんな臭い魚なんか、持ってくるな。外で捌《さば》けよ」

ふざけ半分に私は文句を言う。アントニオのことだ。平気で生魚を船内で捌くだろう。そんなことをされたら、船じゅうが臭《にお》いと鱗《うろこ》でめちゃくちゃになる。

〈おチビちゃん〉とは、カジキマグロの稚魚《ちぎょ》のことである。母乳だけを飲んでいる子豚の肉がたとえようもなく柔らかいのと同様、この稚魚も最高の味わいだ。隣の漁船からの差し入れである。昨夜うちの船に来て一緒に食事をして、帰り土産に冷えた白ワインを何本か手渡した。夕食のお返しに、と今朝釣れたばかりの稚魚を漁師が持ってきてくれたのだ。

「違法だわな」

アントニオは孵《かえ》りたての稚魚を見て、小声で言う。

「このかわいそうな坊やは、百二十キロはあるだろう母親が網で捕られた後を追って、釣り針に引っかかってきたのだろう。たいていおチビ達は、母魚から離れず泳いでいるからな。ふつう漁師は本命の獲物である母魚が獲《と》れれば、ともに網にかかってきた稚魚は逃してやるものだ。海に戻してやっても、いったん母魚から離れた稚魚はほとんどが鮫に食われてしまうのだけれどね。そして……」

手元の包丁を見つめてアントニオは、いったんことばを切る。船のエンジン音だけが海上に響いて、いっそうしんとした沈黙が流れる。

「海に戻すつもりで稚魚を手にして、それがもしすでに死んでいたとしたら……」

そう言いながらアントニオは、スッと魚に包丁を入れた。

「みすみす鮫にやってしまう前に、一尾くらいは食べても罰《ばち》は当たらないだろう、違うか？」

「つまり、俺達は鮫から食べ物の前借りをする、ということだな」

私達は何やかやと言い訳しながら、獲れたてのカジキマグロの稚魚を三枚に下ろし、生のまま塩とオリーブオイル、少々のレモンで和えたウイキョウと小ぶりのトマトのざく切りを合わせて食べた。目の前に広がるのは、海。


バーリの近郊の町で、一帯の守護神である聖ロッコの祭典に出会った。

それにしても、盛大な祭りだった。夏祭り、などと平板に呼んだら無礼なほどの、特別な空気が人々のあいだには流れていた。興奮と熱気が真夏の暑さに加わって、観ていた私達も汗ずくになった。

町の中心を貫く大通りを、司祭を先頭に人々が列を作って続く。行列というより、通りを埋め尽くす大群衆がそのまま同じ方向にゆっくりと移動していく、と言ったほうがいいだろう。リオのカーニバルもこうした熱狂ぶりなのだろうか。

私達は幸運にも、大通りに面するバルコニーからこの行列を悠々《ゆうゆう》と見物することができた。この祭りの夜に自宅のバルコニーに招いてくれる知人がいる、というのはなかなかのことなのである。招待主は地元に住むアントニオの幼い頃からの知り合いで、国内外で手広く商売をしている人だった。

今さら説明するのもなんだが、アントニオは私にとって特別な友人である。親友以上の存在だ。ローマで同じ地区に住んでいて、いっしょに幼稚園へ通った。それ以来だから、もう五十年以上の付き合いになる。高校時代に〈アントニオの友人〉と言えば、それは〈かっこいい〉という代名詞でもあった。魅力的な女の子達は、かっこいい男のところにしか寄ってこない。かっこいいというのは、ルックスやファッションはもちろんのこと、強くて金持ちであることも条件だった。そういう類《たぐい》に属してはじめて、女の子達はデートする相手として認めたものだった。そういう時代だった。

アントニオは、ナポリの名家の出である。貴族に近い旧家だ。このバルコニーの持ち主も同様に、高貴な家柄だった。

「両家のつき合いは、数世代にさかのぼる、古くて強いものなのです」

バルコニーの持ち主はそう説明しながら、コペーテを盛った大皿をテーブルに載せて、どうぞ、と勧めてくれる。アーモンドと砂糖と蜂蜜《はちみつ》を練り合わせて固めた、この地方の名物菓子だ。私は丁寧に礼を述べて、しかし味見は遠慮した。ひと口でもかじろうものなら即、歯医者行きに決まっている。

「うちの一族は、かなり昔からバーリに住んできました。古代ギリシャ人が上陸してこの町ができたわけで、ローマ人との関《かか》わりはいっさいなかった。あの山の向こうにローマがある、ということすら人々は知らなかったのです。うちの先祖は、海を越えてローマとは反対側の、東方との貿易を生業《なりわい》としてきました。長らくバーリは、地中海から東方へ向かうための重要な中継港でした。ローマのほうへ行くためには、シチリア島のメッシーナを経由しなければならなかった。それでも山越えするより、海路のほうが便利だったのです。馬車に商品を積んで、道なき道を山越え谷越えする途中で、蛮族に襲撃されて商売どころではなかった。そういう事情で古代ギリシャ人はこの町を造りました。以来二十世紀ものあいだプーリア地方の人々は、イタリア半島の他の地方とあえて交流しようとはしてこなかった。自分達はギリシャ人なのだ、という意識のほうが強かったからです。イタリアに迎合したくなかったのです」

アントニオはリンダと並んで、バルコニーから祭り見物をしている。

皆が外の景色に気をとられているのをいいことに、アントニオは巧みにリンダの魅力的なお尻を撫で回している。いくつになっても変わらない奴だ。

主人の話はさらに続く。

「中近東や東方との貿易の中継地点としてプーリアの経済は海を中心に栄え、十字軍の航路だった時代が栄華の頂点だったでしょうかね。ところがのちにトルコが勢力を高めて地中海東側の航路を封鎖したため、プーリアは母国と信じて慕ってきたギリシャとのへその緒《お》を引きちぎられたかたちになった。それ以降は陸の孤島となって、他からどんどん遅れを取ることになったのです。

しばらくして陸路の交通手段が発達したおかげで、ようやくナポリと繋がりができるようになった。アントニオの先祖は、ロバが牽《ひ》く馬車でアペニン山脈を越えてプーリアまでやってきた。目的は、中近東やギリシャから香辛料をはじめとするさまざまな物資を仕入れて、山の向こう側の〈異国イタリア〉で商売をすることでした。当地での仕入れはうちが、あちら側での捌きはアントニオの家が担当するようになって、今に至ります。そうだな、アントニオ？」

「危険極まりなかったナポリとバーリ間を、商業道として整備していくような役割も両家は担っていたらしいな。道中に郵便局を建てたりして、何世紀にもわたって荒野だったこの区間を文明化したのもそう。現在、半島のこちらとあちらで同じものが食えるようになったのも、両家のご先祖様のおかげというわけだ」

アントニオは焼きたてのカッツマールにかぶり付きながら返事した。カッツマールは、地場の産物の中でも最も東方的《オリエント》な一品である。子羊の腸に肝と髄を詰めて、オーブンで焼く。こう書くとぞっとしないが、その味たるや、類い稀《まれ》なる珍味というか、ふだん食べ慣れている味とはかけ離れたパワーに満ちたものなのである。もともとは、トルコのアナトリア高原の牧童が好んで食する料理らしい。ふと脇を見ると、アモスが堪えきれなくなって、信じがたい量の涎を垂らしている。

「プーリアがイタリアの他の地方と違っていて、何がいけないの?」

肉を頬張りながら、リンダが尋ねる。

「いけなくはないよ」

アントニオは笑って続ける。

「他と違っていたからこそ、うちはおいしい商売ができているわけで」

「〈異種〉に乾杯!」

アントニオの知人は、冷えたグラスをリンダのグラスに軽く寄せて乾杯の仕草をした。バルコニーの下の通りでは、ちょうど今、金色に輝く聖ロッコの像が通りかかるところである。鞭打《むちう》ち苦行のなりをした男達が、像を大事そうに抱き上げて歩いていく。

「御輿（みこし）で牽く代わりに、鞭打ち苦行者とはね。　祭りの運営委員会は、かなりクリエイティヴらしいな」

私が驚いていると、

「いや、去年、御輿を担いだ人達が衣装を返却しなかったので、本来なら行列の後方に付くはずの〈鞭打ち苦行者〉役の者達が急遽《きゅうきょ》代行したまでのこと。鞭を打たれながらの行列シーンは残酷、とテレビ局が撮影から外していたので、身体が空いていたという事情もあるけれどね」

肩を竦めながら、アントニオの友人は説明した。

翌朝、私はアントニオの友人に頼んで、ドン・アルドが運営する救済施設に案内してもらった。ちなみにこの場合、〈ドン〉は司祭のことである。マフィアのボスではない。

町の中心にある公園に、ドンはいた。大木の木陰に大勢の子供達が車座になって、熱心にドンの話を聞いている。古くから伝わる民話を話して聞かせているらしかった。ドンは幼い聴衆の反応を見ながら、臨機応変にクルクルと話の内容を変え、あるときは歌いながら、または声色を変えて、子供達より楽しそうに話を続けている。ふだん子供達が夢中になっているテレビやビデオとはまったく違う世界ではあるが、皆、真剣な面持ちで息を潜めて聞き入っている。そんなことあるわけないだろう？　と疑い深げな表情をしたり、笑い転げたり。退屈してよそ見をする子供は一人もいない。クロアチア人、クルド人、マケドニア人、モロッコ人、アルバニア人、中国人の子供もいる。どの子供も海岸に漂着したばかりの、非合法入国者なのだった。ドンはこうしてゆっくり物語を聞かせることで、難民にイタリア語を教えようとしているのである。子供達のうしろに私も座って、いっしょにドンの話を聞くことにした。

　語り部ドンは、アリという子供の話を始めた。

「アリは、ある日海岸でウトウト昼寝をしていた。すると美しい若い女性が現れて、アリを抱いて海の向こう側へ連れ去ってしまう。そこには綿菓子でできた木やパンの椅子があって、噴水からは冷たい牛乳が流れていた。アリはびっくり。大喜びで、見るもの触るもの、どんどん頬張って飲み食いした。美しいその女性はアリに『ありがとう《グラッツィエ》』と言い、『あなた、スパゲッティ食べたい？』と、尋ねたんだ……」

　そこまでドンが話すと子供達がいっせいに、

「スパゲッティィイイ!!!」

と、叫ぶ。ドンはにこにこしながら、今度はパンにかぶり付くアリの仕草を真似しながら、

「『おいしい《ブォーノ》!』」

と言うと、また子供達が揃って、

「ブォーノォ!!!」

同じようにかぶり付くふりをしながら、大声で応えるのだった。

この子供達は、海の向こう側からいつ沈没してもおかしくないようなオンボロの小さな船に詰めこまれて、風に吹かれ波を被り、決死の覚悟でこの海岸に打ち上げられた難民である。週末の余暇に趣味で海に出る人種とは違う。悲惨な母国で一生を終えるより、命懸けで荒海越えをし、異国で生き残る道探しを選んだのだ。こうした難民の夢は〈イタリア〉であり〈ドイツ〉であり、〈フランス〉だった。いや、どこでもよかった。ヨーロッパの隙間に、一刻も早くもぐり込みたかった。ネズミがチーズの穴に入り込むように。イタリアのチーズは量が少なくあまり食べ応えはないとはいえ、背後に捨て置いてきた生活とは比べものにならない贅沢と安泰が間違いなくここにはあった。

「よく訪ねてきてくれた」

ドン・アルドは、じゃれてまとわり付く幼い子供達を優しく相手しながら、こちらにやってきて握手をした。

「数日前にバチカンから、《いつでも出発できるようにしておくように》と、通告があってね。ここで難民の子供達から私はウケがいいので、アフリカへ行って難民キャンプを張る手伝いをしてこい、ということらしい。難しい使命だ。難民も子供のうちはかわいがられるが、大人になると世間の態度ががらりと変わるからね」

ドンの困惑した顔に相槌を打ちながら、強い視線を感じたのでその方を見ると、二十代くらいの若い男と目が合った。全身すすけて汚く、疲労困憊《こんぱい》して痩せこけてはいるが眼光はギラギラと鋭く、獲物を狙う鷹のような顔付きだ。この男も、体力と気力が回復したらすぐに北の大都会へ向かうのだろうか。そこで生き延びる唯一の手段として、姉妹達を売りながら残りの家族の生命《いのち》を守り、夢見た安泰で豊かな西欧での暮らしを実現しようとするのだろうか。

海辺の町マンフレドニアから先は、岩の多い一帯が延々と続く。険しい岩山がそそり立つ、ガルガーノ半島の真下を船は通過しているところである。ブリンディジまでは同様に陸には高低のある山々が連なり、その麓すぐに真っ白で粒子の細かい砂浜が続く。その対比は劇的で、海側から波に揺られて見ていると、大胆な景観に吸い込まれそうになる。

八月も半ばを過ぎて、もう陽射しは夏のピークを越えたようだ。海を照らす太陽はギラリと挑戦的な白い光線から、次第に穏やかになりつつある。人出もなくなり、海を行くのは私達だけだ。アモスは、そわそわと落ち着きをなくしている。そろそろ陸に上がりたいのだろう。アモスのそんな様子を見て誰も何も言わないが、皆、考えていることは同じだ。

ひたすら、船は行く。

空模様が怪しくなってきた。間もなく、北から強い風が向かってくる。船は懸命に進もうとするが、まともに向かい風を受けてうまくいかない。これでは、坂を上ろうとして上から押し返されているようなものだ。

「トレミティはあきらめよう。追い風でなくては、無理だ」

そう伝えると、皆はすぐに了解してくれた。

「それじゃあ、テルモリか？」

アントニオが尋ねる。頷いて返す。

「テルモリですね、船長！」

サルヴァトーレはしっかりとした声で確認の返答をして、即刻、航路変更をする。

「二、三、なかなかの港を知っています」

「えっ？　あなた、あんな外れのテルモリまで知っているの？」

リンダは驚いた様子でサルヴァトーレを見る。

「ええ。一九五九年に兵役をあそこで過ごしたんですわ！」

《ラ・チチャ》の船腹は、強風と波にあおられて大きく揺れる。帆はすべて畳み込んで、エンジンの回転数を最低に落として進む。船体が横に倒れるように傾くと、波が甲板にザザーンと乗り上げてくる。船内にいると、船体が横に半回転して海水が押し寄せるのが見える。洗車中の車の中にいるようで、気持ちがいい。

私は急いで舵席《だせき》と船室を往復する。厨房と船首に皿やパンなどが散乱していないかを確認し、船内に海水が入ってこないように丸窓をすべてしっかりと閉め直す。この分だと、まだ五、六時間は大荒れ続きの航海だろう。

「舵は交替で取ろう。最初は私だ！」

そう言うと、

「僕は、最後！」

アントニオがすかさず返答して、リンダの手を引いて船首へ引き上げようとする。

「私は、最後から二番目！」

船首のドアを閉める前にリンダはそう言い、冷蔵庫からワインを一本引き抜いた。

すでにアモスは指定席へ移動している。ベンチ席の下にアモス用の毛布が置いてあり、そこへ潜り込んでいる。揺れはここが一番少ない、特等席だ。

船尾での揺れは海と戯《たわむ》れるようで、むしろ快感だ。

「それでは、私は二番目で……」

サルヴァトーレは、自嘲するような調子で言った。

第3部

イタリア半島東側航路

第9航路

トレミティ
（プーリア州）

〜

ペスカーラ
（アブルッツォ州）

八月二十五日

「えーっと、異教徒の国の伝説が書いてあるわ」

リンダがパソコンの画面を見ながら言った。さきほどから熱心にインターネットで検索していたので、面白いサイトでも見つけたのだろう。

「いい？　読むわよ。……『その昔、世界じゅうに山や森、川、湖を創造するよう使命を受けた神は、ある日アドリア海を飛び越えようとしたところ、つまずいてしまった。転んだ拍子に、わずかに残っていた天地創造用の材料である岩と緑と砂が、懐《ふところ》からこぼれ落ちてしまう。起き上がった神はこぼした砂や緑を拾おうとしたが、ふと見るとそれが偶然にも非常に美しい形をしていた。このままにしておくか、と神は去った。それがダルマチア諸島である』ですって」

今、私達は、旧ユーゴスラヴィアのドゥブロヴニクのちょうど正面にいる。思いもかけないボーラ（アドリア海に吹く北北東の風）が吹き荒れて、船はあれよあれよという間にアドリア海を横切り、イタリア半島向かいのダルマチア沿岸まで辿り着いてしまった。このハプニングで予定の航路からは大きく逸《そ》れてしまい、テルモリにはまだ着いていない。異国の港の岸壁には私達の他にも同様に、多くのイタリアの漁船が避難している。最前列に並ぶ大型漁船のうしろに、小型船が身を寄せるようにして留まっている。風の勢いは、まだ収まらない。《ラ・チチャ》の甲板には潮が乾いて白く浮き、風に吹かれて縞《しま》模様を描いている。

ここに緊急係留してから、今日ですでに三日経っている。強風のために船から降りることもできない。船内で天候が好転するのをじっと待つしかない。観光で賑わう港周辺と違って、ここの突堤には水道も電気も引かれていない。その代わりに、というのもなんだが、携帯電話の電波はよく届くのだった。

リンダはノート型パソコンと携帯電話を駆使して、この土地の情報を調べている。その脇でうたた寝をしているのかと思っていたら、アントニオが目を閉じたまま、のんびりと呟いた。

「ダルマチア諸島を知らなくても、ディズニーでお馴染みの〈１０１匹わんちゃん〉は世界的に有名だろ？　あの白黒まだらの犬は、この諸島が原産地なんだよ」

「あの犬の白い部分をブルーに染めたら、黒い斑《ぶち》がダルマチア諸島を表す地図になっている、とも言えるのかな？」

私が尋ねると、アントニオはそうだと頷く。

「純血の中の純血ダルマシアン犬は、数百年にわたってまさにそのために飼育されてきたんだ。あの犬の毛皮は、経験豊かで解析力のある船長にとっては海図の代わりだったのさ。ところが次第にヴェネツィアやイスタンブールとの往来が激しくなるにつれ、ダルマシアンも純血でなくなってしまった。斑点《はんてん》の数が増えたり減ったりして、最後は地図として頼りにならなくなった」

「後から足りない分だけ、油性ペンで描き込むことはできなかったのですかね？」

サルヴァトーレは風で引きちぎれた帆の隅を繕いながら尋ねる。

「もちろん宮廷の海図製作者達も同じことを考えたさ」

アントニオは、目を開けて頭を起こしながらそう言った。

「海図製作者達は、斑点の位置がめちゃくちゃなダルマシアンの毛皮を市場にばらまいて、敵対する国の船が海に迷うように仕組もうとした。実際、多くのヴェネツィアやサラディンの船がこの一帯で難破したのは、その目くらましの毛皮海図のせいだったらしい」

「ちょっとそれって嘘でも本当でも、懸賞クイズの問題にもってこいじゃない！」

リンダは目を輝かせて叫ぶ。

「クイズです。ディズニー映画〈101匹わんちゃん〉の中で、ダルマチア諸島と同じ斑点を持っている犬はどれでしょう、ってね。どうかしら？」

「懸賞品は、難破した宝船が積んでいた〈ペルジーナ〉製のコイン型チョコレート！」

アントニオもうれしそうに、リンダのアイデアに相槌を打って返事する。

「ねえアントニオ、今のアイデアを企画書にしてくれない？　今晩の飛行機でひとっ飛びして、ディズニーまで提案しに行ってくるから」

「仕事の話はなし、なし！」

私は、盛り上がる二人に水を差す。

「風が収まるのを待って三日も何もしないで座っていると、イライラしてくるのはわかる。スケジュールノートに振り回されている仕事漬けの生活から、空模様に合わせて自分の時間を天に任せる生活に切り替えるのには時間がかかる。君達の仕事は、何かピンと来るものがあればその瞬間を逃さずにすぐに企画を立て、即決し、展開させるんだろう？　業界の仕事がそういう非人間的な速度で成り立っているのもわかる。でも今は、休暇中で海の上にいるんだぜ。すべては成り行き任せの旅の最中だ。日程はあくまでも予定であって未定だろう？　それを、今からすぐ飛行機に乗ってアメリカまで行くなんて……。体内時計が壊れちゃうよ」

「そんなこと言われても……。そういうのが性に合ってるのよ、私達」

リンダは照れたように笑った。いつも眠りこけているアントニオがようやく雑談に加わったのが、よほどうれしかったのだろう。

私はアモスを撫でながら言う。

「サンレモを出航して以来、旅を続けるうちに自分を取り巻いている時間の速度がどんどんゆっくりとなっていくのがわかった。これまでの時間の流れは何だったのか。風に吹かれ海に身を任せているうちに、自分が本当に必要とする時間が戻ってきたような気がするんだ。な、アモス！」

そのとき隣の大型漁船の甲板から、船長がなんとも愛嬌《あいきょう》のある笑顔でこちらを覗き込むようにして声をかけてきた。

「皆さんのご都合のいいときに、ちょっとうちの船へ来ませんか？　スープを作ったんでね」

こりゃまたどうも。皆、口々に礼を言いながら、早速おじゃましようということになった。漁船からこちらに吊《つる》し梯子《はしご》が投げ下ろされた。風速二十八メートルはあろうかという強風である。下手に桟橋に下りてふらつきながら歩くより、風除けになっている裏側からこうして吊し梯子をよじ登っていったほうが楽なのだ。ペスカーラの漁船だと聞いている。そのあたりに浮かぶ、吹けば飛ぶような釣船ではない。見上げるように高くて大きな鉄の塊のようなその船は、ペスカーラの漁業組合が遠洋漁業のために共同購入したものなのだという。見るからに大漁が期待できそうだ。

サルヴァトーレは船室に下りてきて、どうしましょうかね、という顔で私を見た。

「そうだな……」

私は頭の中でざっと計算してみる。あちらの船には、漁師が五人。こちらのサルデーニャ人は、業務中は下戸。私を含む都会の三人は、享楽の頂点を求めるタイプ……。

「持っていくワインは九本だな。それに食卓にまず出す二本を追加して、合計十一本だ！」


「ロマンチックな逸話など、いまどきの漁師の生活には縁遠いものでね」

ジジョット船長は空になったスープ皿を脇に押し退《の》けながら、潮で割れた声で言った。皿はパンできれいに拭われて、一滴も残っていない。ペスカーラの漁船の厨房で食べる魚介類のスープは世界最高の味、とされる。ぶつ切りにしたさまざまな種類の魚がいっしょくたに放り込まれて煮てあり、一見、品はよくないが、どんな気取ったレストランで食べる魚料理よりおいしかった。何せ素材が違う。生きたまま甲板で選《え》り分けて、捌く。メバルにサバ、ボラ、カサゴ、タラ、エビ、ヒラメ、イカ……。

この漁船の料理番は、痩せていて顔じゅう無精ひげに覆われている。少なくとも三週間は剃っていないだろう。ニッと笑うと、ところどころ歯が抜け落ちている。頭には、かつてはたぶん赤だったろう、しかし今では茶色に変色した手編みの帽子を被っていて、よく見ると真ん中に〈FERRARI〉などと書いてある。ランニングシャツに至っては、私のボキャブラリーには存在しない色で、しかし潮と陽と汗で長年灼《や》けてなんとも味わい深い色になっている。料理番は実に明るい性格らしく、物事のよい面だけを捉《とら》える男だ。料理番の妻は、彼にもまして陽気で声が大きいらしい。夫が出漁するときには必ずいっしょにやってきて、船に積みきれないくらいの野菜を持ってくるのだという。妻自慢の畑で採れたものである。今日のように魚介類のスープを作るときも、この野菜が大活躍する。エシャロットにニンニク、保存用に瓶詰めされたトマトピューレ、さまざまな香草……。海と陸の新鮮な幸を大胆に使うのだから、まずいわけがない。

ジジョット船長は、実に船長らしい男だ。無駄口は叩かない。しかし常に周囲に注意を払っている。無口な外見とは裏腹に、実は神経質で、荒海での厳しい仕事を乗り切るための判断力と決断力を兼ね備えている。昔ながらの漁師、まさに海の男といえるだろう。大学で生物学を勉強した後、家業の漁業を継ぐことにしたのだという。

「祖父はごく幼い頃から時化《しけ》の後は浜へ行って、波に打ち上げられたものを集めたそうだ。運がいいと、相当に貴重な宝物を拾ったりしたらしい。ただし、見る目がないとだめだがな。その昔、沖合で難破した船が出ると、引き網で海底を掬って宝物探しをしたのと同じことだ。古くからの海の掟《おきて》で、〈海で見つけた物は、発見者のもの〉と決まっている。祖父の時代にはまだその掟が通用した。戦後まもない頃に漁に出ると、網には海に墜ちた戦闘機の部品などがよく引っかかってきたそうだ。祖父や叔父達はそういう収集品を利用して、初代のボロ漁船〈聖アントニオ〉に戦闘機のエンジンを搭載し、当時としては画期的な漁船に改良したんだ」

そう言いながら、ジジョット船長は古びた写真を見せてくれた。すっかり黄ばんだその写真には、船長の祖父が仲間の漁師数人と共にひどくまじめな顔付きで写っている。相当に年季の入った船の船尾がよく見えるような角度から撮ってあって、そこには五枚のプロペラが付いた飛行機のエンジンが備え付けてある。私はポケットから眼鏡を取り出して、額に入ったその写真を明るいところでもう一度じっくりと見た。船の背後には、真っ白の砂浜が続く。ずっと遠くの波打ち際で、地引き網を引く漁師達の姿も見える。

地引き網か……。幼い頃、夏の三ヵ月を過ごした海辺の村で、私もよく地元の漁師や子供に混ざって、ああして地引き網を引いて手伝ったっけ。網は意外に重くて、力が要ったものだった。

地引き網は非常に古くからの漁獲の方法で、特に砂の多い海に適している。網はできるだけ大きなものがよい。下に沈んでいく部分には鉛の塊を、海面に浮かぶ部分にはコルクで浮きを付け、沖まで運んでいって海岸線と並行になるように投げ入れる。網の両端には太い綱が二本付けてあり、それを陸へ向かって引っ張る。重いのなんの。手伝いの手はいくらあっても歓迎だ。

中に追い込まれた魚は、網の外へ逃れようと必死でもがく。高く飛び跳ねるものもいる。ボラの抵抗が最も激しい。ヒラメやイワシ、タイ、メバルなども網に掛かる。引き上げられた魚はすぐに魚市場へ卸され、網を引く手伝いをした者にもちゃんと分け前は配られた。幼かった私はなんだか世の中の重要な勝負に勝ったような気分になって、興奮して家まで駆けて帰ったものだ。あのときの気持ちは、今でも忘れられない。漁師からもらった三、四尾のご褒美を手に、非常に誇らしい気持ちだった。食べられる身の部分よりも小骨ばかりが多い魚をもらうことが多かったけれど、そんなことはどうでもよかった。大喜びして出迎えた母は、ぎゅうっと抱きしめてくれた。とても大人になった気がした。しかし母は、私から受け取った収獲物をそのまま猫にやっていた。それが私にはどうも納得できなかったっけ。

「あの海は、どこに行ってしまったのだろうな。先祖代々この仕事をしてきて海の底のことは知り尽くしているが、最近では網を仕掛けても上がってくるのは、スプレー式の化粧品だったり石油を入れるプラスチックタンクだったり、ろくなものはありゃしない。宝物なんて今や夢のような話だ。とはいえ、網を引き上げて甲板で中身を広げるたびに、もしかしたら何世紀も海底に眠っていたお宝が今日こそ上がってきているかもしれない、とわくわくするよ」

皆がグラスを高々と上げて、古き良き時代に無言で乾杯をする。

「今は、もしも網に不思議なものが掛かったら、すぐに港湾監督事務所に報告しなければならない。そうすると一〇分もしないうちに警視船がやってきて、すべてを没収していく」

機関長が横から言う。

「不思議なもの、といっても、たいていは飛行機の破片だったりブラックボックスだったりです。そんなものもらっても仕方がない、というものばかり」

生のイカが出てくる。ペスカーラの漁師風の食べ方だ。オリーブオイルと塩、酢少々にタマネギを刻んだものと多すぎるくらいのトウガラシと合わせて食べる。

「うちのほうでは、イカやエビは中に具を詰めてさっとオーブンで焼いて食べますけどね」

甲板長が早口で言った。彼は、ジュリアノーヴァという、ペスカーラから四十キロほど離れた村の出身だ。ペスカーラの料理法だけが最高と思わないでほしい、とでも言わんばかりである。

「生なんて……。エビは身を引き出してニンニクとパセリを混ぜて詰め直してから、表面に薄《うっす》らとパン粉をはたく。それを平皿に入れて水とオリーブオイルをかけ、上からレモンを搾って、辛口の白ワインをひと振りしオーブンで焼くと、上品で旨いのなんの！」

船の外では、相変わらずボーラがビュウビュウと唸っている。

食事が済んで、どこからかギターが引っ張り出された。皆が順々に手にして弾く。全員が演奏できるというわけではなく、それぞれ弦をつまびいたり、トントンとボディを叩いてリズムを打ったりしているだけである。ボロロンと最初の節だけ弾いてあとは低い声でささやくように歌うと、たいていの女性はうっとりするものだ。完璧《かんぺき》に弾く必要はない。

私は、そうっと横を見る。船内にただひとりの女性であるリンダは、黙ってこちらを向いて目だけで笑っている。

翌朝は前日までとはうって変わって、すばらしい天気となった。それまで足止めさせたことを詫びるかのように、海は穏やかで深い紺色をしている。雲ひとつない、八月終わりの空が広がっていた。

避難していた岸壁からやっと出航して、四時間余り経つ。ペスカーラに向かっている。私は船長室で海図を広げているものの、頭の中では《ラ・チチャ》を今後どうしたらよいだろうか、と考えている。予定外の出費と〈サルヴァトーレ〉という項目を外しても、年間の維持費として三千万リラ（約三百万円）はかかる計算だ。昔、年老いた元船員が面白い例《たと》えをしてくれた。

「このような木造帆船の価値は、煙草店の値段と同じだ。年間売り上げの額が、その不動産としての店の価格。船の価格は年間維持費と一致する、と思えばいい」

たしかにそのとおりだと思う。ならば、歯科医パオロは破格の高値を付けてくれたことになる。

ぼんやりとそんなことを考えていると、サルヴァトーレが船長室の間仕切りのカーテンを開けて私と目を合わさないようにしながら、

「あのう、船長。ゴムボートがこちらに接近してきてるのですが……。どうしましょうか？」

言いにくそうに報告した。

ああ、やっぱりな。サルヴァトーレに詳細を聞かなくても、状況は想像できた。胸の中で〈ついに来たか〉と繰り返しながら、双眼鏡をつかんで急いで甲板へ上がる。

いた。問題のゴムボートは、かなり大きい。サルヴァトーレの言うように、たしかにこちらを目がけてやってきているようだ。一応、ボートの乗員に双眼鏡を合わせて見てみようか。その大型の古ぼけたゴムボートには、生まれたての赤ん坊から老人までを含む難民の集団が乗っているに違いないのである。これまで何度となくテレビニュースで見てきた光景だ。どの顔も厳しい海の長旅に疲弊しきっている。イタリアの海岸をめざして、祖国から逃げ出してきた難民達だ。

実は私はイタリア半島をアドリア海側に回るとき、もし沖でこうした難民船と遭遇するようなことになったら、すぐに救助して最寄りの港まで連れていき、その場で《ラ・チチャ》は売りに出してしまおう、と決めていた。法外な高値で買い上げたいという歯科医の申し出も、こうなる運命を予告するものだったのだろうか。悲惨な運命に苦しむ人達に海で遭遇した後に、何もなかったように船遊びなどする気分には到底なれないだろう。売るのだ。そして、もう二度と海には出るまい。冒険家メスナーを訪ねて、アルプスの山頂まで行くことにしよう。森林に籠《こも》ろう。どこか、けっして海の見えない場所へ。

ところが双眼鏡で見た光景は、まったく別のものだった。堂々とした体軀の三人の若者が乗っている。おまけにイタリアの国旗が翻っている。

「こんにちは、船長！　クレタ島へ行くには、この方向でいいのでしょうか？」

うちの船のすぐ下までやってきたゴムボートから、運転をしていた青年が元気な声で私に尋ねた。質問は非常に単純明快だった、ある意味では。クレタ島といえば、アフリカ大陸に辿り着く手前にあるギリシャ最南端の島である。彼らの舳先は、一応は南向きではあった。

シャワーを浴びていたのだろう、リンダが何の騒ぎなの、という顔で、バスタオルだけを巻き付けた格好で船室から出てきた。三人の青年は思わずゴムボートの中で立ち上がって伸びをするようにして挨拶し、顔を上気させている。若者の視線と注意をリンダから逸らそうと、サルヴァトーレが慌ててゴムボートにロープを投げたが、リンダ本人は余裕だった。

「チャーオ！」

美女の微笑みに、若者達はすっかりぽうっとなってしまう。しようがないな。私は三人に、《うちの船に上がれ》と手招きした。早速、三人は揚々と乗り移ってきて、自己紹介をした。三十歳になったかどうか、というところだろう。兵役で駆潜艇班に配属となり知り合ったのだという。駆潜艇班というのは緊急時に出撃する隊で、その訓練の厳しさは並大抵ではない。アメリカ海軍にも匹敵する、いやそれ以上に上官には絶対服従主義と言ったらいいか。苦しい訓練を経た者どうしとして、三人は固い友情で結ばれたのだそうだ。血判まで押して兄弟の契りを交わしたというから相当である。兵役を終えて普通の生活に戻ったが、その後も一年に一度集まって限界に挑戦しようと決めたという。それで一昨年のクリスマスには、大雪の降るなかを一周七十キロメートルのマイエッラ周遊をしたのだという。

「十五日間ずっと大吹雪でした。テントを張って、夜は暖を取るために三人いっしょにひとつの寝袋で眠って凍死の危機を乗り越えたのですよ」

運転担当の青年が誇らしげにそう言った。

「昨年は底知らずの穴に潜りました。無事、地上に出てこられたときの快感と達成感ときたら……。僕達三人が揃えば、向かうところ怖いものなしです」

二人目の青年も堂々と言う。

「それで今年は、エル・アラメインまでボートで行ってみようか、ということになって」

私が勧めた煙草を恭しく受け取って、もうひとりの青年がそう続けた。

「出航するときに、港で海軍連隊の楽団が演奏してくれて。いやあ、感激したなあ」

「兵役のときに世話になった上官が、僕達三人を大げさにぎゅっと抱き締めましてね。あれはまるで最後の挨拶のようだったよな」

上官の気持ちはよくわかる。三人の乗ってきたボートが《ラ・チチャ》の下で揺れているのを見ながら思う。アフリカ大陸のすぐそばまでこんなちゃちなボートで行こうとするなんて、よほどの勇者か命知らずのどちらかだ。エル・アラメインは、エジプトのアレクサンドリアから七十キロメートルほどのところにある村である。かつてイギリス軍が東アフリカを征服しようと進軍したとき、ムッソリーニが派遣したイタリアの軍隊と真っ向から衝突した場所だ。そのときのイタリア兵士達の勇敢な戦いぶりを称える記念碑が、この地に建立されている。

三人の中で一番年下らしい運転担当の青年が、懐からガイドブックの『ロンリープラネット』をおもむろに取り出した。海水をたっぷり吸い、本はすっかりふくらんでしまっている。くっついているページとページのあいだに息を吹き込みながら、青年は本を繰る。海図は出航してすぐに捨ててしまったのだという。「ゴムボートの上で海図を広げるや風に煽られて、結局は役に立たなかったから」。

「六時間前にこの半島を出たのに、いまだにクレタ島の影も形も見えてこない。羅針盤が狂っているのかもしれません」

若者がそう言うので、眼鏡をかけてよく見て私は啞然《あぜん》とした。彼が指で示した地点は、ギリシャのペロポネソス半島だったのである。つまり、この三人は海図も持たずにガイドブックの地図だけを頼りに旅を続けて、自分達がもうギリシャの沖まで来ていると信じているらしい。すぐに返すことばが見つからない。

「サルヴァトーレ、すまないがとりあえずスパゲッティ用の湯を沸かしてくれないか。食事の準備ができるまで、君達の航路をいっしょに確認し直すことにしよう」

スパゲッティと聞いて、セミヌードのリンダを見たときのように三人の目が輝いた。

「私がソースを作るわ」

リンダが言った。

「ピリッと辛めでいいわよね?」

船長席で地中海東部の区分海図を広げる。三人に、現在地はギリシャからはほど遠い、ヴェネツィアとペロポネソス半島のちょうど真ん中あたりなのだ、と示してやる。

「お前、ひでえ航路指示をしやがったな！」

一番体格のいい青年が年下の運転担当を怒鳴り付けた。

「真南より少し東よりだろう？　方角は合ってるじゃないか」

弁解するように、罵倒された運転担当が返答する。

「すみませんが船長、ちょっと見てもらえませんか？　僕は、たぶんボートの羅針盤が狂っているのだと思うのです」

三人目の青年が私にそう言って、どうぞ、と手招きした。それは羅針盤とは名ばかりの、ジープなどに付けるごく簡単な、そして海ではほとんど役に立たないような代物だった。

「ちょっとお待ちください。道具箱を片付けますから」

そう言いながら青年が工具の入った道具箱を舳先のほうへずらしたとたん、羅針盤はグルグルと二度回って正反対の方向を指した。

「ところで君達、航海中にはよく工具を使うのかい？」

横目でその羅針盤を見ながら、私は静かに確かめてみる。

「もちろんですよ！　ずっと使いっぱなしです。船というのは、常に何かが壊れるものなのですねえ」

なんでも便利なGPS（自動ナビゲーター）を設置するために、羅針盤は最初は外してあったらしい。ところがGPSの電池が切れて買い置きもなかったため、羅針盤を再び引っ張り出してきたのだが……。私は心の中で深い溜め息を吐いて、ひとまずうちの船に戻ることにした。サルヴァトーレがスパゲッティを皿に盛り付けているのが見えたからだ。

食事のあいだは、私は若者達には何も言わずに楽しく食べることにした。グラッパをグラスに一杯空けた頃くらいから、羅針盤は滅多なことでは壊れないものだということ、しかしながら生き物と同じで、置かれた状況次第で思いがけない反応をすることもあるのだということ、特に鉄の塊のそばなどでは、という話を少しずつし始めた。羅針盤の針が違った方向を指すときそれを〈方向を逸脱した〉というふうに呼ぶこと、なども。

「そうか、逸脱したのは羅針盤で、僕のせいではないわけだ！」

運転担当の一番若い青年がほっとした様子で声を上げた。

「つまり、道具箱を動かすたびに羅針盤は違った方角を指していた、ということなのですか？」

「まあ、そういうことだな。君達がここまで辿ったジグザグの航路を海図の上に書き込んで見てみると、かなり面白いと思うよ」

血の誓いで結ばれた筋骨隆々の勇気ある若者三人は、羅針盤の説明とスパゲッティの礼を何度も言ってボートに戻り、沖合へ去っていった。


どういう状況下にあろうとも、あの三人はエル・アラメインまで行かなければならないのだ。さもなければ、出航を見送ってくれた元上官に対して顔向けできない。

「あの三人を酔い潰れさせて、うちの船に乗せてペスカーラまで連れていくべきだったんじゃないのか？」

アントニオは咎《とが》めるような目で私を見る。

「アフリカまで行かずに手前のギリシャのコルフ島に係留して数日やり過ごし、友人達にはエル・アラメインまで行ってきたと言えばいい、ともアドバイスしたんだが……。あのスパルタ部隊に所属していたくらいだから、決めたらやり遂げないと気が済まないのだろう」

「それにしても一番若いあの子、とってもかわいらしかった。ちょっとアラン・ドロンばりの目をしてたわね」

リンダは、少し残念そうに溜め息を吐いた。

「心配ないですよ。あいつらはなんとかやるでしょう！　サルデーニャの猫のように、あいつらには七つの命があるようなものだから」

「まあね。でもいくらサルデーニャの猫でも、エル・アラメインまであんなボートで行くような馬鹿な真似はしないだろ？」

アントニオは南へと遠ざかっていくボートを見ながら呆れ顔で言い、再び寝室へ戻った。

自然は気紛《きまぐ》れだ。同じアドリア海なのに、イタリアの海岸とユーゴスラヴィアの海岸ではまったく表情が異なる。イタリア側の海岸線には粒子の細かい砂の浜が続き、まさに天国のような眺めである。航海するには、退屈極まりない風景の連続ではあるが。一方ユーゴスラヴィア側は、諸島や岬、深い海峡など変化に富んだ海岸線が続いて、帆船行を楽しむにはもってこいの航路である。

そうこうするうちに、前方にイタリア半島が見えてきた。港までは、あと八時間はかかるだろう。軌道修正して予定航路に戻らなくては。

第10航路
ペスカーラ
（アブルッツォ州）
〜
ラヴェンナ
（エミリア・ロマーニャ州）

八月三十日

でっぷりと太った公証人の前で、歯医者パオロへ船を売却するために書類にサインをしようとしている……。

その瞬間、私はサルヴァトーレに揺り起こされて目が覚めた。

「船長……、アモスが、私に向かって牙《きば》を剝くのです」

淹れたてのコーヒーを差し出しながら、サルヴァトーレが真剣な顔で訴えた。まだ寝起きで頭がぼうっとしていて、話の意味がよくわからない。何があったのか。熱々のコーヒーをひと口飲んでから、サルヴァトーレに続きを促す。

「あいつ腹の下に生ハムの骨をまだ押さえ込んでいて、始末しようと近づくだけで唸るんです」

ああ、そうか。思い出したぞ。あの生ハムのことか。太股《ふともも》骨付きで丸ごと差し入れされたものだ。昨夜はこの船で、私の女友達の誕生日パーティーを行ったのだった。招待客は、三十人余り。明け方まで思う存分に飲み食いして楽しかったが、その代償で今は思い出すだけでも、頭にギリギリと鉄の輪が食い込むようで辛い。問題の生ハムは、ひと晩できれいになくなった。塩味がけっこうきつく、ハムを食べてはワインを空けて、の繰り返しになった。

アモスは生ハムが到着したその瞬間から、そばを離れず鼻をヒクヒクさせていた。宴が進み、皆が最後の肉をこそぎ落として骨を処分しようとしたそのとき、雷のようにアモスが現れ、骨にかぶり付き、彼の指定席まで走り去っていった。昨夜からずっとアモスは、片時もその骨を離さないらしい。特にすることがなくなると、甲板でその骨を前足で挟むようにしてまずは眺め、嘗め、しがみ、頬ずりしては、鼻息を吹きかけている。

「サルヴァトーレ、アモスはあの骨が好きなんだよ。私がパイプを大切にするのと同じさ。君も島から持ってきたチーズを大事にしているだろう？」

とりあえず、そう言ってみる。

「それに、船では自分の寝台で何をしようと自由だ。どんな下働きの船員でも、その個人の自由とプライバシーは守られている。そういう逃げ場所がないとね。誰でも独りになりたいときがあるものだ」

自分の気持ちを説明するように言い、話をいったん締めくくる。

「そうおっしゃいますが船長、あの……骨が臭《にお》うもんで」

サルヴァトーレは立ったままでそう続けた。私はどうしたものかと考えつつ、コーヒーを再び飲む。そんなに深刻なことか？　犬と骨を船外へ放り出してしまえば済むことだろう？　と言われればそれまでなのだが。

中世、ヴェネツィア共和国のガレー船が航海に出るとき、その漕ぎ手達は長い船旅のあいだ、ただひたすら漕ぎに漕ぐ過酷な毎日を過ごさねばならなかった。仕事場である漕ぎ場で食べて、寝て、起きて、漕いで。自由と変化のない船上生活で唯一、持ち込みが許されていたのが行李《こうり》だった。祖国からこれと思う物をその中に入れ、異国に着くとその中身と異国の珍しいものを交換したのである。異国での物々交換は、辛い重労働の苦労を和《やわ》らげ、少ない賃金のわずかな足しにもなる。漕ぎ手をうまく管理するために考えられた規則だったが、中には、食べ物や匂いを発する物を入れてきてしまう者もいた。少しでも外に匂いが漏れると即刻、行李は海に投げ捨てられた。たいていその後を追って、持ち主の漕ぎ手も海に飛び込んだという。

「私がアモスを説得してみるよ。うまくいくかどうかは、保証できないけれど」

しかし思ったとおり、なだめてもすかしてもアモスは骨の上に横たわったままびくともしなかった。アモスが交渉に応じたのは、港に着いてからだった。ベーコンのたっぷり入ったパニーニを奢ってやるから来ないか、と散歩に誘い出し、その隙にやっとサルヴァトーレがぼろぼろに砕けたその骨を海に捨てたのである。その後、サルヴァトーレは大急ぎで洗剤を流して、臭う甲板をデッキブラシで力いっぱいに掃除したのだった。

クリエイティブなカップル、アントニオとリンダはこの港で船を降り、慌ただしいビジネスの世界へ戻っていった。おそらく帰りの道中でも、次の企画について知的な論議を交わしていることだろう。アントニオの犬アモスは、船に残ることになった。客人が去って寂しさを感じながらも、再び訪れた自分だけの空間と時間、そして自由を私は満喫している。

南から北へリッチョーネ、リミニ、チェゼナティコ、チェルヴィアと続くアドリア海沿岸の町は、ふだんはごく平板な地方都市である。ところが海のシーズンになると、どの港町も夜知らずのエネルギーに溢れた最先端の遊興スポットとして生まれ変わる。それまでシャッターを下ろしていた店が、冬眠から醒めるように次々と店開きをする。客寄せのために競って奇抜な内装をしたり、オリジナルのカクテルや料理を用意したり、やれナイトショウだビキニコンテストだ、と躍起になる。毎日が祭りのようなその興奮ぶりは、三ヵ月の夏を浜辺で存分に楽しもう、という意気込みに満ちている。

海岸沿いには白い砂浜が続き、民宿やホテル、貸別荘が延々と軒を並べている。波打ち際からすぐ、立錐《りっすい》の余地もなくビーチパラソルが立ち並んでいる。そのあいだを縫うように物売りが往来する。パレオやサングラスに始まり、およそ海辺とは縁遠いようなものまで(じゅうたんやクッションカバー、テーブルクロスに革のハンドバッグなど)行商人は鞄に詰め込んで、炎天下の浜を歩いて回る。どうせ不用品になるだけなのに、浜辺に寝そべっているとそんなものでもつい買ってしまったりするものなのだ。だ。行商人との他愛ないやりとりが結構いい気晴らしにもなるので、雑貨を手にしたりする。

菓子売りや果物売りも来る。買ったら急いで食べてしまわないと、周囲で子供達が駆け回ったりボール投げをして遊ぶので、砂がこちらまで飛んでくる。仮設の店舗では、よく冷えたスイカやメロン、生ハムが切り売りされている。

あちこちで、男女がそれぞれの背中や腕、首筋などに、ていねいに日焼け止めクリームを塗り合っている。クリームの塗り合いは、恋の駆け引きの第一歩なのである。

ここロマニョーラ海岸は、昔からよく知られるナンパの名所だ。観光客の大半は、北欧からの若い女性である。そうした金髪碧眼《へきがん》の女性を目当てに、イタリア国内からは続々と若者が押し寄せる。彼女達は、割と簡単にイタリア男の誘いに乗ってくる。イタリア男達も、しばらくは北欧系と遊ぶ。しかしそのうち、外国の女の子よりやはり地元ロマーニャの女性の方がいいな、ということになる。少年のようなスリムな体型にクールな北欧女性は知的で格好はいいが、面白味に欠けて淡泊に過ぎる。いっぽう地元のイタリア女性は、こんがりと日焼けしてはち切れそうなボディラインで肉感的な魅力に溢れていて、良きにつけ悪《あ》しきにつけ実に女っぽいタイプが多いからだ。

昔のように、夏の夜の町に繰り出してみようか。アモスとサルヴァトーレは、あまり気乗りしないらしい。無理強いしてもしかたないので、夕焼けに染まるチェゼナティコの港に彼らを残して、私はひとりで出かけることにした。日が沈むとぐんと気温が下がるので、上に羽織るものが必要である。夏ももうそろそろ終わりなのかもしれない。日焼けした肌と夕暮れに映えるサーモンピンク色のカシミアのセーターを肩に掛けて、粧《めか》してみる。少し若返った気分で私は船を降りた。

港まで迎えに来てくれたのは、この近くに住む同年輩の従兄弟《いとこ》である。互いに忙しくて、従兄弟同士とはいえ前に会ったのはかれこれ十年も前になるだろうか。彼の二度目の結婚式に、証人として立ち会ったときだった。結婚生活は半年も持たなかったらしいが。

「モーミ！」

従兄弟が、その一メートル九十の長身を折り曲げて車から降りてこようとするのを見つけて、私は大声で呼んだ。モーミは、ジェロラモの愛称だ。彼の家は近郊の町バーニャカヴァッロに数世紀前から続くゾルリ家で、時代が時代なら貴族という名家だ。本家の長男は、代々ジェロラモの名前を継ぐことになっている。

モーミの黒目がちで長いまつげの優しい表情を見ているとつい、彼がかつて大統領護衛騎馬憲兵の上官を務めていたのを忘れてしまう。若い頃のモーミは、平手打ちで大の男を飛ばすほどの体軀と強健な腕力があった。がっしりとした手に包まれるように再会を喜んで握手して、抱き合って背中を叩き合った。ひと通り挨拶が済むとモーミはにんまりと笑い、さあ乗れよ、と自慢のスパイダー《オープンカー》のドアを恭しく開けた。ランチャB20アメリカ。私の船同様、かなりの年代ものである。ランチャすなわちエレガンス、という時代がかつてあった。その頃に製造された車だ。フィアットが実用本位、アルファロメオがスポーティ、だった頃の話である。この車に乗ることは、すべての男の夢であり憧れだった。薄いベージュの総革張りの内装に、フレームは銀。一分の隙もない、流れるような優雅なデザインだ。まさに孤独な狩人《かりゅうど》にふさわしい車だった。座席が二つしかないので、男が仲間と連《つる》んで、という弱気なナンパには向いていない。

「町はすごいぞ、相変わらず。昔と全然、変わってないからな」

少し気怠そうな調子でモーミは言いながら、エンジンのキーを回した。いわゆる色男とはほど遠い、こうした朴訥《ぼくとつ》とした感じがいいのだろう。映画『卒業』のダスティン・ホフマンのような男で、女の子を釣り上げるとついでにその母親達までメロメロにしてしまうのだ。

まるで十六歳の少年のように期待に胸をふくらませて、繁華街へと繰り出した。目抜き通りにある一番人気のバールの前を、自慢の車に乗って行ったり来たりするのが今風の若者の散歩のやり方だ。すでに大通りは大渋滞で、スパイダーは歩道を行く人と変わらない速度で進む。

今日は土曜日。今晩、何をしようか。どこのクラブに行くか。店を選び間違えると、せっかくの土曜の夜が台無しになる。ファッションも重要だ。何をさておき、イタリア男ならば車と見てくれが勝負である。おしゃれに無関心なのは言語道断だが、きめすぎなのもまた野暮で、〈今〉をセンスよくつかむのはなかなか難しい。クラブとファッションをきめて、気の合う連れが見つかっても、帰り道に飲酒運転でふらついて車線を間違えるとあの世が待っている。

この一帯のクラブに入ると、世の中の美形や流行の最先端のカタログをめくるような感がある。若者達は週中に浜辺でじっくり身体を灼いて準備を整えてから、土曜の夜で締めくくろうというもくろみだ。集まる男女の背後からは、期待と欲望がゆらゆらと立ち上っている。

クラブの混む時間は、時代とともに変わってきている。ひと昔前には、夜十一時になると〈サタデーナイトフィーバー〉していたのが、今では深夜零時になっても、クラブも今晩の相手も決まっていない。それどころかまだ家にいて、出かける前のシャワーなど浴びている時間なのである。

少し頽廃《たいはい》した気配と若い欲望がない交ぜになった、深夜のリッチョーネ。繁華街を貫くザナリーニ通りを、今晩も車は数珠繋《じゅずつな》ぎになって行く。こんな渋滞では、路上駐車しているのと変わりない。それでも皆、いらいらすることもなく、むしろ実に楽しげな様子だ。カーステレオのボリュームを目いっぱいに上げて、それぞれが思い入れのある音楽をかけている。自分を車というショウケースに入れてBGMを流し、周囲にさかんにアピールしている。モーミは、エリック・サティを選んだ。銀色のスパイダー五八年もので、前後左右の若者達と一線を画すると感じるのは気のせいか、中年男の沽券《こけん》か。久しぶりの土曜の夜、私達は年甲斐《としがい》もなく大通りを八往復もして、八人の女の子と八店のクラブで落ち合う約束をした。その日の行く先を選ぶのは最後の一往復を終えてから、と昔から決まっている。結局のところ今晩は、ベネデッタの家で開かれるパーティーに行くことになった。彼女の家は古いお屋敷で、古城の近くにあった。すでに竈に火が入っている、と通りで会ったベネデッタは言った。私は、パーティーの様子を想像してみる。

……給仕頭が、竈でピアディーネパンやフォカッチャを焼いて熱々を客にふるまう。サラミソーセージの薄切りにワイン。踊って飲んで、軽いおしゃべりを楽しむ。白々と夜が明ける頃を見計らうように、フォカッチャとワインに入れ替わって、淹れたてのエスプレッソコーヒーとオーブンから出したばかりのクロワッサンが出てくる。手製のジャム付きだ……。

パーティーに集まる人々はどうだろう。三十年前のクローゼットから引っ張り出してきたようなミニスカートの女性がいるかと思えば、最新ブランドで頭からつま先まで包んだ若い子、この夏一番のプレイボーイ、海の監視員らしい日によく灼けた精悍《せいかん》な男達、深窓の令嬢タイプなど顔ぶれは多彩で……。

「ところで、今晩はどういう集まりなの？　何か持っていこうか？」

そうベネデッタに尋ねると、

「そうねえ……。この夏、あなたがよく聞いた音楽を持ってきてくれる？」

頼まれてみて、自分がもうずいぶん長い間、夏と音楽を結び付けるような過ごし方

なんて。


をしてきていないことに気付く。

「〈夏にさよならパーティー〉なのよ！　よろしくね！」

ベネデッタは大声で叫び、バイクを思い切りふかすと車の間をすり抜けて走り去っていった。全身にゾクッとくるものがあった。夏にさよなら、か。もう夏が終わりだなんて。


従兄弟と私は、肥料の匂いが漂う舗装されていない道を走っていた。夜目にもわかるほど、車の後方には白い砂埃が立っている。時計を見ると十時を回っている。夜道をオープンカーで走るには、もう肌寒い。首尾よく従兄弟が、チベット製だという毛糸の帽子を貸してくれた。昔どこかの絵本で見た中国の〈孫悟空〉のようだな、とサイドミラーに映った自分を見て思う。従兄弟は、クラッシックなスタイルできめている。グライダー操縦士用の耳隠し付きの革製の帽子を被っている。スヌーピーのと同じタイプだ。薄く靄がかかっている。秋はすぐそこだ。


とそのとき、従兄弟が思い切りブレーキを踏んだ。

「やあ、フェリーニじゃないか！　乗れよ！」

イタリアの映画監督、フェデリコ・フェリーニが愛用して知られるようになった独特なデザインの濃紺のマント、タバッロをぐるりと巻き付けている。頭には黒いフェ

ルトの鍔《つば》のある帽子を被った男が道の左端を歩いていた。男は振り返り、挨拶もせずにいきなり、

「カードはある？」

と、尋ねた。モーミは、あるぞ、と頷いた。まるでミサをあげる司祭のような、厳かな顔付きだ。男はタバッコを翻して車に乗り込んできて、身軽に後部のボンネットに腰を下ろし足を伸ばした。そして私に向かって、やあ、というように手を上げて自己紹介をした。浴室用のタイルメーカーを経営しているのだという。モーミは海外に向けてイタリアの建材を売っているのだが、この男の工場からも商品を仕入れているらしい。

「昔からこのマントを愛用しているので、いつのまにか〈フェリーニ〉と呼ばれるようになったんだ。この一帯にはタバッコの愛用者が多いから、フェリーニだらけだ。このマントは湿気を跳ね返すので、一回着るともう手放せないんだ」

「秋雨の中タバッコを羽織って馬にまたがり、野を駆ける……。自分が王になったような気分がするのじゃないか？　自転車でもいいだろうね。ゆっくり漕いでマントが後方になびくなんて、さぞかしいい気分だろうな」

詩を詠むように調子を付けて呟いた私を、〈フェリーニ〉は少々驚いた様子で見た。

「僕の従兄弟は、南部から帆船でチェゼナティコの港に着いたばかりなんだよ」

運転席からモーミが〈フェリーニ〉にそう説明すると、

「そりゃ、すごい。まるでガリバルディじゃないか！　もしうちの祖父が生きていれば、銅像を建てて君を歓待、賞賛しただろうな」

〈フェリーニ〉はつくづく感嘆した様子で、改めて私の顔をじっくり見た。

それから道中に彼が話したことは、おとぎ話のようだった。信じがたいが、実際に起きたイタリアの歴史の一端を飾る話である。

「一八六九年、チェゼナティコは小さな漁村だった。村民は、自分達がイタリアという名の半島に住んでいることさえもきっと知らなかっただろう。イタリアが統一される直前のことだ。そういう村へ、〈二つの世界の英雄〉と呼ばれる男がやってきた。アルゼンチン人の有能な戦士でもある、美女アニータを連れて。この男がガリバルディさ。彼は援軍もなしにイタリア半島に永遠のユートピアを作り上げようと、必死に戦っているところだった。当然、旧世界であるヨーロッパと新世界の南アメリカは、あらゆる方法でガリバルディの動きを阻止しようとした。彼は行動力抜群で、今日は地中海で戦っていたかと思えば、明日は太平洋という具合だった。どこに行っても、大衆の人気者だった。僕の祖父は半農半漁を営んでいて、当時大半の人がそうだったように読み書きができなかった。ガリバルディがチェゼナティコにやってきたとき、連れのアニータに祖父はひと目惚れしてしまった。武術や勇気も一流である上に魅力的な踊り子でもあって、彼女の踊る姿にたいていの男は魂を抜かれたようになってしまった。嘘か本当か、タンゴをヨーロッパに広めたのはこのアニータだったという話もあるくらいだ。

当時さまざまな冒険談を脚色して歌いながら各地を回る語り部がいて、ガリバルディのことは歌にもなってすでにかなりの噂になっていたらしい。それで祖父も、ガリバルディという男は大した英雄らしいこと、二つの世界を相手に戦う男でしかも金髪だということ、そしてイタリアというものを作ろうとしているらしいことは聞いて知っていたのだった。港に美女連れでやってきたあの男こそが、そのジュゼッペ・ガリバルディだとわかると、村じゅうが騒然となった。

『イタリアをわが手で自由にしてやろう！』

ガリバルディにそう言われて、村は訳もわからないままに興奮した。次に攻め込む先は、ヴェネツィアだという。すっかり同志の気分になった村人達は、十三隻の二本マスト船とそれを動かす船乗りをガリバルディに提供することに決めたんだ。ところがガリバルディを乗せた船は出航してまもなくオーストリアの艦隊に見つかってしまい、彼は追われる身となった。ガリバルディは、戦いで瀕死《ひんし》の傷を負ったアニータを連れて内陸部へ逃亡する。逃げる二人の水先案内を引き受けアニータの最期を看取《みと》ったのは、実は僕の祖父だったんだ。うちに来てくれれば、祖父が赤シャツを着ている写真やガリバルディが祖父宛《あ》てに送った絵葉書を見せるよ。〈ジュゼッペより〉なんてサインしてあるんだぜ」

〈フェリーニ〉は話し終えて、口をつぐんだ。ランチャは無言の三人の男を乗せて、夜更けの平野を走っていく。聞こえるのは、エンジン音とタバッコが風にはためく音だけだ。

ベネデッタの家には、いわゆるトロピカル・マンボといった、つまり皆がむやみにはしゃいでしまうような雰囲気はなかった。ワインは、各人が樽《たる》から好きなだけ注いで飲むようになっている。ベルティノーロのリゼルヴァの樽が置いてある。これはすごい。栓をひねって、まずひと口。涙がこぼれそうになって、あわててもうひと口飲む。ああ、まさに。ルビー色のサンジョヴェーゼだ。旧友に出会ったような安堵と幸せで、胸がいっぱいになる。相当量の樽だ。今晩の客はどうやら二百人を超えると推察するが、さすがにそれでも飲みきれないだろう。

音楽が外から流れ込んでくる。東側に見える城壁の向こう側に、屋外ステージが組んであるらしい。厚くて高い塀は昼間に太陽を十分に吸い込み、肌寒い夜にふわりとした余熱を放っている。温かな壁に抱かれるようにしてこちら側の中庭にいると、ヘビメタの喧噪も味見程度にしか聞こえてこないので、不快ではない。

モーミとひどく痩せた若い男〈フェリーニ〉と小柄な中年の男性が、カードを並べている。手作り風のカードは普通のものより縦長で、かなりの年代物に見える。テーブルは十七世紀の骨董《こっとう》品だが、それよりもさらに年季が入っているはずだ。

四人はブリッジでもしているのだろうか。真剣そのもので、そばで見ていてもさっぱりわからない。カードを使った中世にさかのぼる不思議なゲームなのかもしれない。その雰囲気につい、私もゲームに引き込まれてしまう。

「下手な手は打つんじゃないぞ」

モーミが重々しい口調でそう言う。〈フェリーニ〉とモーミが組んでいるらしい。〈フェリーニ〉は、美しい月の絵が描かれたカードを置こうとしている。椀《わん》から豆を七粒取って自分の前に並べて置き、ひと粒ずつおいしそうに摘んでいる。

「次は、三枚の〈ガチョウ〉を出すといい。それから〈太陽〉を一枚頼む」

モーミは指示を出す。まるで暗号だ。いったいなんのことなのか、私にはさっぱりわからない。うしろに回ってモーミが手に持っているカードを見てみる。一枚には

〈天使〉の絵が、もう一枚には〈太陽〉が描かれている。

「そちらさんが、〈地球〉をお持ちなのはわかっているんですがね……」

〈フェリーニ〉は悔しそうに呟く。どれがいったい〈地球〉なんだろうか。

「まったく意味不明だけど、いったいなんのゲーム⁉」

そばを通りかかった二十歳《はたち》前後のかわいらしい女性が、呆れた調子で尋ねる。君の言うとおりだ。

「タロッキーニさ」

〈フェリーニ〉が、そんなことも知らないの、という顔で答える。

「それって何？」

「まあ説明してあげてもいいけれど、四十種類のカードがあれば組み合わせは無限に近い数になるわけで。全部、聞く気があるのかい？」

キュッと腰をひねるようにして、その若い女性はテーブルと同じ十七世紀ものの長椅子にお尻を割り込ませて、モーミの正面に座席を確保した。

「教えてちょうだい」

真剣な目で頼んだ。

「そういうことなら、こうしたカードゲームが盛んになった十七世紀についてまず説明しなくちゃな。エステ公爵やゴンザーガ公爵など、当時の王侯貴族は一族の栄華を誇示するために、自らの名前を冠したカードを作って卓上でもその繁栄を楽しんだんだ。もとは貴族の暇潰しだったわけだ……」

「ふーん。カードから当時の貴族の力関係がわかるのね。帽子の羽根飾りが大きくて長いほど、その貴族の権力は強かったというわけでしょ？」

「そのとおり」

モーミはそう返事しながら、カードの束の中から一番重要なものを引き出して、

「ほら、この〈王様〉はエステ公爵がモデルになっているのだけれど、他の人物よりも美男で勇ましく、賢明かつ気品があるように描かれているだろ？」

「つまり、これを描いた画家のパトロンがエステ公爵だったということね」

彼女が利発に即答したので、

「よくわかってるじゃないか。カードの上達はあっという間だな」

モーミは笑いながらカードを切り始めた。

朝方四時くらいまでは眠気と戦いながらもなんとかゲーム見学につき合ったが、それで限界だった。若い女性とタロッキーニの世界に埋没しているモーミをベネデッタの家に残して、私は車を失敬して先にひとりで帰ることにした。

〈日の出直前の闇は最も深く、寒さは最も厳しい〉とは、誰から聞いたのだったろう。本当にそのとおりだ。帰り道、暗く広がる平地で私は何度も方向感覚を失って、途方に暮れてしまった。遠くに見える小さな明かりを頼りに走り、やっと人気のない大通りに出ることができた。港からは、小さな漁船が幾隻も沖に向かって出ていくところである。あたりはまだ暗いのに、海面にはすでに朝日を先取りするような不思議なきらめきが見えている。

船の前まで来ると、アモスが起き上がって、グフンと鼻を鳴らしながらうれしそうに出迎えてくれた。私を、というより、パーティーから持ち帰った三キロ余りのお土産を待っていたのだろう。

身体の芯からくる震えを振り払って急いでベッドに潜り込み、頭まですっぽりとシーツを被った。寝床に入ると実にほっとする。手を伸ばして、ゴルユップ社刊の『アドリア海ガイド』を本棚から引き出した。堪らない本だ。手の届くところに置いておき、思い付いたら開く聖書のようなものだ。二十行も読めば、たちまち熟睡が保証されている。これほど役に立つ本を他に知らない。

「歴史を紹介しよう。四〇二年、ラヴェンナは古代ローマ帝国の首都となった。アウグストゥス皇帝がクラッシスに造らせた軍艦から、三海里ほど南に位置する。大型船が二百五十隻も停泊できる重要な港だった。蛮族の侵入後、五四〇年ラヴェンナはビザンチンに征服される。ラヴェンナのモザイクは、必見。欧州で最も美しいとされる。そのすばらしさは、コンスタンチノープルやヴェネツィアのモザイクをも超える……」

まぶたが重たくなってきた。

次回は、絶対にサンタ・アポッリナーレ教会やガッラ・プラキディア廟堂《びょうどう》に行かなくては。昔、建築学部に在籍した頃に一度行ったきりだ。古代の金細工や耽美《たんび》的な建築に圧倒された記憶がある。……。……。…………。

第11航路

ラヴェンナ

（エミリア・ロマーニャ州）

〜

ヴェネツィア

（ヴェネト州）

九月十五日

ヴェネツィアに向かって航海をしている。

星を睨んだり対数尺を使ったりせずに、私達は中世のヴェネツィアの船乗り達に倣《なら》って舵を取っている。ヴェネツィアにはジャコモとその妻ミケーラという知人がいて、入港することを知らせるとぜひ夫婦で乗船したいという。二人は、ポルト・コルシーニで《ラ・チチャ》に乗船した。

ジャコモはヴェネツィアに何代も続く名家の出だ。なんとあのカサノヴァが、遠縁だという。その親族から譲り受けたという古い海図をジャコモは持ってきてくれた。昔の海図に示された航路に従って中世の船乗りの気分で海に出てみないか、とジャコモが提案した。それは面白そう、と一も二もなく私は同意した。

海好きの夫に付いてくるために、ミケーラは、身体じゅうに船酔い止めの絆創膏《ばんそうこう》を貼り付けてやってきた。ところがどうもアモスがその絆創膏の匂いを気に入ってしまったらしく、ミケーラが甲板に上がってくるなり、涎滴《したた》る大きな舌でなめて大切な酔い止め絆創膏を全部食べてしまった。食べても効果があるらしい。たちまちアモスはぽうっと夢見るような目になって、いつもの場所に長々と伸びている。いっぽう気の毒なミケーラは出航するやすぐに甲板の隅で青い顔をして横になり、ときどき起き上がってきてレモンの輪切りを口に含んで、またぐったりとしている。

ヴェネツィアを訪れるのも、ずいぶん久しぶりのことだ。海からイタリアを見ることの旅も、このヴェネツィアを出航してトリエステに入りそこで終結する予定だ。

町には、大小いくつもの運河が流れている。運河は町と海を結ぶ血管だ。

運河沿いの建物の裾は、永年の潮ですっかり浸食されている。運河や潟《かた》の水面のあちこちに突き出ている杭。その杭の上で、カモメが微動だにせず羽休めしている。その脇を音もなくゴンドラが滑るように走っていく。夏の終わりのヴェネツィアを楽しむ外国人観光客の姿が見える。観光客の原色のサマードレスが妙に浮き上がって見え、ますます夏が去ってしまったことを感じる。

晩夏の町には残熱と湿気がゆらめいていて、その陽炎《かげろう》の向こうにかつての栄華と異国の幻影が見え隠れしている。運河に沿って、小径を歩くような速度で舟やボートが行く。細い運河の行き止まりのよどんだ水には、過ぎ去った時間が滞留しているかのようだ。たしかに目の前にあるのに幻を見るような気分になって、自分のいる場所と時代を見失う。

〈セレニッシマ《晴朗極まるところ》〉（ヴェネツィア共和国の呼称）と呼ばれてきた、この荘厳なヴェネツィアの港から私は出発するべきだったのかもしれない。中世の船人が深い思いを抱いて長い航海に発《た》ったように。自分の人生を振り返る時期に到達して、銀行口座の残額を無視して断行した今回の長旅は、長くて寒い冬を前にしてセミが精一杯、踊って歌ってその終焉《しゅうえん》を盛り上げるようなものだったと思う。私の冬は、すぐそこで待ち受けている。私よりひとつ年上のサルヴァトーレも同じ思いなのではないか。今年の航海はもうすぐ終わる。来年の夏は何をしているのだろう。

まだ私に夏は訪れるのだろうか。

漠とした思いからふと我にかえり、古い海図をじっくりと見ることにした。昔の人の知恵はたいしたものである。航路がわかりやすく示されているのもさることながら、まず海図自体が独立した美術品なのだ。時間が静かに沁み込んだような鈍色《にびいろ》の紙は、おそらく手漉《てす》きなのだろう。触れると指に吸い付くような感触がある。防水加工のしてある軽くて丈夫なだけの現代のものとは、品格が違う。縁《ふち》には凝った手描《てが》きの紋様が施してあり、図柄も色彩も見とれる優雅さだ。海図は過ぎ去った世紀を飛び越えて、物知りの翁《おきな》のように、波について、風について、異国について今、私達のそばで語りかけてくる。

「以前、羊の皮に描かれた地図を見たことがあるよ。表皮に羊を識別するための刻印まで残っていたな」

　ジャコモは、持ってきた宝物の海図に指先でそうっと触れながら言う。

「その後、羊皮紙が使われるようになった。皮を薄く剝《は》げるようになったので、何枚もの地図を束ねられるようになったんだ」

　サルヴァトーレは黙ってジャコモの話を聞きながら、その古い海図を疑わしそうな目で見ている。もちろん現代の正確な海図と比べれば、一見かなり大雑把《おおざっぱ》な感じはするのだが、いざ注意深く解読し始めると、そこに描き込まれている航路や地形は、安全に早く航海をするために実に効率のよいものであることがわかるのだった。

　便利な道具がさまざまある現代でも、航海にはやはり海での第六感とでもいうか、舵を握る人の勘に頼るところが大である。

　羅針盤は、常に当てになるのだろうか？　そうとは限らない。あの三人の若者にもそう教えたばかりだ。突然の強風や気が付かないうちに船下を流れる海流のせいで、方位が微妙にずれてしまっているかもしれない。舵を握る者が一瞬も気を緩めずに、方位計の示す方向を睨んでいるだろうか？　船長や甲板長も人間である。長い航海のあいだには、ついぼんやりして舵がぶれることはよくある。もちろんサテライトシステムを使えば、数メートル内の誤差で船の位置を自動修正することは可能ではあるが、機械というのは依存しすぎると足を掬われたりするものだ。

ナポリ笑劇の登場人物プルチネッラが、「海には居酒屋がないからね！」と言うシーンがある。それは、〈船上では必ず誰かが、右に行くべきか左なのかを決断しなければならない。さもないと海の上では、ちょっと店に入って道を尋ねてくる、というわけにいかないので〉という意味なのである。

「僕のご先祖カサノヴァはただの自由奔放な遊び人だっただけではなく、科学にも造《ぞう》詣《けい》が深く、また海が大好きな男だった。《航海のための法則》と呼ばれる、中世から船乗りに伝わる航路決定法則があるのだが、その法則の秘密をなんとか解こうとした。この法則は現在でも航海には欠かせないもので、指示された方位と度数に従ってジグザグに進むうちにめざす方向に進めるという、実によくできたものなんだ」

「《航海のための法則》？　聞いたことがないですな」

サルヴァトーレが、いぶかしげに横から口をはさんだ。それには返事をせずにジャコモは話を続ける。

「一四三六年、アンドレア・ビアンコは海図を作った。そのときこの法則を利用したので、一般に広くこの名で知られるようになったんだ。ビアンコの海図は評判を呼び、当時のヴェネツィアのガレー船の船長達の必携品になったのさ」

話をしているうちに、ヴェネツィアの潟へ《ラ・チチャ》は入っていくところである。速度をぐんと落として、いよいよ世界でただひとつの水の都へ、世界の船乗りがめざした海の王国ヴェネツィアへ、わが船で到着だ。


「ヴェネツィア人というのは、富める者貧する者、皆同等にたっぷり魚を食べて生きてきた。人類みな平等、という精神が行き届いている町なんだ」

言いながらジャコモは立ち上がって、九月の陽射しに輝く運河と美しい町並みを自慢げに見渡している。

「皆同じものを食べ、同じ工法で潟に建てられた家に住む。高層ビルを建てて切り売りして儲けよう、という輩《やから》はいない。平等だから他人への嫉妬もない。くだらない欲もおこさない」

「あなた、何を寝呆けたこと言ってるの」

脇から、呆れ顔でミケーラが夫の話をさえぎった。ヴェネツィア出身でない妻は船酔いも手伝って、夫のいつもの故郷自慢にほとほとうんざりした様子である。

「いや、これは僕の意見じゃない。五二〇年にカシオドルスがそう書いているんだから」

「あっそう。いったいそれから何年経ったと思ってるの？　不動産で儲けている人がいないですって？　カナル・グランデあたりの地価は、トウキョウより高いぐらいじゃないかしらね」

妻は厳しく反撃を続ける。

「あのなあ、止《や》むを得ない事情で不動産を手放すことになったら、ヴェネツィア人は故郷を愛するが故《ゆえ》に、できるだけ高く送り出してやろう、と思うのだよ」

ジャコモは怯《ひる》まずに妻に応えながら、私のほうを見て〈堪らんよ〉という表情をしてみせる。

「ヴェネツィアの家というのは、まるで水面に浮かぶ水鳥のようなものだからねえ。可憐《かれん》じゃないか。どの家にも自家用ボートが繋ぎとめてあるね。農家に馬が繋がれているのと同じなんだね」

私は夫婦の言い争いに割って入るつもりでそう言い、ワイングラスを持ち上げて二人に〈乾杯〉とやってみせた。

「カシオドルスのことは知っているかな？　実にいいんだよなあ」

ジャコモは、妻の攻撃など意に介さない様子で続ける。

「ヴェネツィアは世界にたったひとつの幻想的な町、というイメージを強烈に人々に与えたのは、なんといっても〈馬に乗った船の勝利〉の一件だろうな」

サルヴァトーレは舵を取りながら私のほうを見て、なんのことですかね？　と、目で尋ね、ミケーラは、ああまたなのと、声にならない溜め息を吐き天を見上げている。

私はしばらくジャコモの話を聴くことにした。

「あれは、十四世紀から十五世紀の二世紀にわたる長い戦いだった。ヴェネツィアでの移動には馬よりも小舟のほうがずっと実用的だったので、戦いでもよく利用されていたんだ。敵に向かっていくのも、船。恋人の元へ走るのも船にひらりと乗り込んで、というのがあたりまえだった。それでもまだ一五〇〇年くらいまではやはり、船より馬を持っている、と言うほうが優雅ではあったらしいけれどね。

当時からヴェネツィアではよく、厩舎《きゅうしゃ》にするか係留場所にするかで迷ったらしい。挙句、船を選ぶ人が多かった。経済的で便利だったし、そのうち船を華麗に装飾するのが流行《はや》って、貴族達の虚栄心も十分に満たされるようになったからだ。次第に装飾は派手になり、船も必要以上に大型化していく。足代わりだったはずの小舟は、やがて権力や財力の誇示の塊のようになってしまった。運河の上に渡る橋は真ん中で切れて上に吊り上げられ、その下をやたらと大きくて豪華な自家用船が通るようになった。

いざ戦いとなっても、外から攻め込んでくる敵軍の馬は渡れない橋の手前で立ち往生するばかり。それで、ヴェネツィアが最後には勝利を得たというわけだ」

「ウォー！」

ジャコモが話し終えたとたん、派手な叫び声が船内から聞こえてきた。ラリ・ネットだった。ヴェネツィアに海から入ろうかというこのロマンチックな瞬間ですら、ラリ・ネットは景色などには一向に興味がないらしかった。朝起きてからずっと船内に籠ったまま、大リーグの〈マリナーズ〉の試合を観戦しているのである。〈イチロー〉とかいう選手の大ファンらしい。その呼び名のとおり、ラリ・ネットはインターネットマニアだ。パソコンと携帯電話を駆使して、船上でも楽々接続してインターネットを楽しんでいる。試合観戦もどこかのサイトの同時中継らしい。

ラリ・ネットは、とにかく風変わりな青年だった。マリーナ・ディ・ラヴェンナで、この船に乗ってきた。教授が面倒を見ている若者達のひとりで、彼からの手紙を持参してきていた。

《ラリ・ネットを頼む。二十四歳。インターネット依存症とでも言ったらいいのか、パソコンの前から三十分も離れるとパニック状態になる。十二歳から、大麻をふかしてはパソコンにかじり付いて、インターネットの世界としか接触しようとしない。人とまともに話せない。かかり付けの医者と母親が同年代の女の子達と会わせて気を逸らせようとしたが、三十分が一時間になっただけで、たいした成果はなかったそうだ。

そもそもこの母親は恋多き女性で、最初の結婚で彼を生んだ後、息子連れで世界を旅しながら新しい恋愛を楽しんでいたらしい。息子がデジタル漬けになったのは、さみしかったからだろう。先日、彼女から相談を受けて、ふと君のことを思い出した。

ラリ・ネットは無口だ。ときどき物を言うが、何が言いたいのかよくわからない。各国を周る母親に付いて外国語を習得できたはずだが、結果的には複数の外国語を断片的に覚えただけだった。アフリカの奥地から東京まで隈《くま》なく知っている。しかし、肝心の自分が見つからない。パソコン以外に興味があるのは、カクテル作りらしい。黙って人の話を聞き出すバーテンの姿を母親のうしろから見ていて、密かにあこがれているようだ。

母親が用意したクレジットカードを同封しておく。一日に八万リラ（約八千円）ずつ引き出して使ってくれたまえ。君さえよければ、ラリ・ネットは旅の終点トリエステまで同行させてやってほしい。退屈するようなら、踊りにでも連れ出してやってくれ。どうかよろしく頼む》

手紙はそう締めくくられていた。

しかしラリ・ネットは、退屈するという状態からはほど遠い様子だった。乗船してからというもの、彼はろくにしゃべらずまともに食事もせずにパソコンの前に座りっ放しである。ありとあらゆるものに賭けて、ネット仲間と遊んでいるらしかった。野球の勝ち負けから株式市場、来週木曜のアマゾンの降水量、ディカプリオが次に付き合うのは誰か、など。甲板には一度も出てこずに、怪しげな香草を焚《た》いて没頭している。彼の世界は、電話とパソコンの向こう側にしかなかった。

初めて《ラ・チチャ》に乗る人は、まず〈下働き〉の格付けで乗船してもらうことになっている。ラリ・ネットも例外ではない。船長の私、甲板長のサルヴァトーレ、そして〈下働きの見習い〉のラリ・ネット、という格付けを明確にして、終結に近づく航海を続けることになっていた。

「この航路の海岸線は、風景があまりに単調で残念だな」

私は船が港を出て三時間ぐらい経った頃、ラリ・ネットに深い意味もなくそう声をかけた。独り言のような、挨拶のようなつもりだった。ところがラリ・ネットは、珍しく反応してびくっと立ち上がったかと思うと、あたふたと自分の鞄から小鍋やシェーカー、ワインオープナーなどを取り出して、厨房へ向かった。私が何気なく言ったことの深層心理を読みとったらしい。〈何か飲みたいな〉という、自分でも気が付いていなかった欲求を推して測ったのだ。それまで何事にも無関心だったラリ・ネットの変化は、意外だった。サルヴァトーレは舵を握りながら、人が変わったようにあたふたと厨房で手を動かすラリ・ネットを興味深げに眺めている。パソコンは電源が入ったまま放りっぱなしになっている。厨房に入って、ラリ・ネットは氷が切れていることに気が付いた。無念そうに溜め息を吐き、しばらく眉《まゆ》をしかめて思案しているようだったが、ポケットをまさぐりいつものように一服し、何か思い付いたらしい。無言のまま常備してある発泡白ワイン、プロセッコを冷蔵庫から出し、それをベースに舟形に切ったバナナと真っ赤なチェリーを浮かべたカクテルを作り上げた。

「ほほう、器用なもんだ。よくできてるぞ」

サルヴァトーレはバナナの舟にすっかり感心しながら、ごくりとひと口、そのファンシーでロマンチックなカクテルを飲んだ。よしよし、と頷いてから、ラリ・ネットの肩をがしりと抱いてうれしそうに揺さぶった。ただでさえ他人との対話に慣れていないラリ・ネットである。それがいきなり大の男に抱き付かれ、うろたえて棒立ちになっている。サルヴァトーレは笑い飛ばしながら、厨房の奥から灯油を入れるプラスチック製のタンクを取り出してきた。中にはフィル・エ・フェロという、サルデーニャ島名物の密造蒸留酒が二十リットル入っている。透明な酒で一見するとまるで水だが、アルコール度が五、六〇度はある強い酒である。それをビールジョッキになみなみ注いで、ラリ・ネットに渡した。サルヴァトーレはまずファンシーなカクテルの残りを空けてからラリ・ネットに、次はお前の番だ、と合図するようにあごをしゃくった。船上で初めて披露したカクテルを褒められてうれしかったのだろう。先輩船員から受け取ったジョッキをぎこちなく持ち上げて、「カンパイ」と小さな声で言ってから、同じように一気に飲み干した。脇で一部始終を見ていた私は、その瞬間、ラリ・ネットの五臓六腑《ごぞうろっぷ》にアルコール度六〇度の酒が猛烈な勢いで走るのを見た気がした。

それからまる二日間、ラリ・ネットは寝袋から出てこなかった。ときおり、すまなそうにサルヴァトーレが差し入れる白米を食べるだけで、他のものはいっさい口にしようとしなかった。サルヴァトーレの後輩に対する歓待方法はいかにも船乗り式で荒削りだったが、それまでラリ・ネットにはこういう形で相手になってくれる人などいなかったのだろう。この一件を境に、ときどきは甲板にも出てきて一服するようになった。

ヴェネツィアに着いて二日目の晩である。私が十数年愛飲しているプロセッコの産地は、このすぐ近郊だ。付き合いのあるワイン農家に連絡をすると、ぜひ落ち合いましょう、ということになった。ゴムボートに乗っていっしょに来るか、とラリ・ネットに尋ねたら、あさっての方向を向いたまま黙って頷いた。

夕方六時を過ぎたばかりなのにあたりにはすでに深い霧が立ちこめていて、運河を行くうちに骨の髄まで湿気と寒さが染みこんでくる。まるで冬景色だ。こうなることを見越して、私達は三人ともすっぽりと全身を覆うように防水服で身支度をしてきた。アモスもいっしょだが、長い毛並みが湿気を弾《はじ》くのだろう。濃霧の中でも平然と前を向いている。ラリ・ネットは私達と少しでも距離を置こうとするかのように、ゴムボートの最先端に座っている。舳先で冷たい霧と風をまともに受けている。相変わらず無言である。相当に緊張しているようだ。敵陣の視察へ行くでもあるまいし。彼の固い背中を見て溜め息を吐く。

エンジンは小型ながら、規則正しい音を立てている。霧のせいで現在地は不明だったが、サルヴァトーレに合図してエンジンを止めた。途端、闇の中をゴムボートは水流に委ねるように流されていく。サルヴァトーレが即座にオールで水をかき、器用にボートを岸に着けた。ゆっくりと左右に揺れるボートから、私達は泥地の陸に飛び降りる。アモスをゴムボートのそばに繋ぎ、残って見張り番をしてもらうことにした。

待ち合わせの場所からはそれほど遠くはないはずだ。見当を付けて歩き始めた。歩きながらサルヴァトーレは被っていた紺色の毛糸の帽子を取り毛玉を丹念に取り除いてからパンパンと叩いて、再び大事そうに被り直した。そういえばサルヴァトーレは、出かける前にもやけに長時間かけてシャワーを浴びていたっけ。甲板長である彼は港に着いても、船を空にしては申し訳ないから、と言って滅多に船から降りない。このようにいっしょに外出するのは、珍しいことだった。

しばらく行くと前方に、待ち合わせ場所である食堂らしい灯りが見えてきた。近づくと店頭の黒板には、《モエケあります》と手書きのメニューが出ている。うれしい。この一帯の名物であるカニ料理だ。

しばらくぶりの珍味との再会である。もちろん迷わずひと皿注文して、サルヴァトーレが戻ってくるのを待つことにした。いつものように、家への手紙を投函しに行ったのだ。ラリ・ネットは、私と同席せずに離れた卓に座った。店の隅で老人が黙々と漁網を繕っている。ラリ・ネットはその様子を凝視している。老人はトウモロコシの芯をくり抜いて作ったパイプをときおり旨そうに吹かしては、再び手先を器用に動かしている。ラリ・ネットが見ているのはその煙らしい。しばらくしてラリ・ネットは、老人に向かってよくわからないことばを二、三語ほど低い声で発した。老人にはそれがわかったのか、網を置いてこちらに近づいてきた。

「〈影ひとつ〉《ウノンブラ》、いっしょに飲もうかね」

しわがれた声でそう言い、私とラリ・ネットにワインをごちそうしてくれた。この地方の人がよく言う〈ほんのひと影〉《un ombra》は、二杯目三杯目を呼ぶ。酒慣れしていないラリ・ネットは、最初の二杯ですっかり酔ったらしい。老人に向かって、自分にもそれで一服させてはくれないか、というようなことを身振りを交えて言っている。老人とネット中毒青年が互いの一服を交換している様子を私は見て見ぬふりをしながら、それでも少しはましになったのかな、とラリ・ネットのことを思う。ぎこちないものの、他人とこうして同席できるようにまでなったのだ。今晩パソコンは船に置いてきているし。

カニをつまみに地元のワインを飲んでいると、いよいよアゴスティネットが、ヴァルドッビアーデネ地方の〈プロセッコワインの王子〉が、店に入ってくるのが見えた。彼が両手に抱えている箱の中身は言わずと知れている。自分の名前を冠した発泡白ワインだ。

「船長、そんな湿地でできたワインを飲むのは止めてくださいよ！」

アゴスティネットがからかうように声をかけた。脇では奥さんが早速、箱から気高いワインを取り出している。当たり年の特別ワインだ。水はいっさい飲まずに、水分補給はワインで代用することにしている私のワインの年間消費量は、レストラン並みである。アゴスティネット家にとっては重要な顧客だろう。頻繁に注文するのも面倒なので、新しいワインが瓶詰めされると一年分まとめて納品してもらうことにしている。医者に年に一度の定期検診をしてもらうより、一年分のワインを目にするほうがずっと健康によさそうな気がするからだ。

「船長、船旅は予定通りにいったのですねぇ！　夏の終わりにここで会おう、と春に約束した通りになったじゃないですか」

アゴスティネットはさかんに頭を振って感心し、カニを頬張っている。ふと顔をしかめて、

「ちょっと泥臭いですね。潟で獲れる魚介類は、どうしても泥の味が鼻に付いてねぇ。これなら、うちの近くの川で獲れるマスのほうがずっと旨いですよ」

「ところで」

私は箱に目をやって尋ねる。

「どのくらい手に入れられるのかな？」

「ひとまず二十箱。六ヵ月は寝かせてくださいよ」

二十箱、つまり二百四十本。もし、船をパオロに売ったら、プロセッコ何本分だろうか？　しばらく前から常に思案していることが浮かんでくる。《ラ・チチャ》の舵

を他人が取るなんて想像しがたい。したくない。船底にたっぷりワインを積んだ私の船が知らない人に連れられていく様子を思うだけで、無性に腹立たしくなってくる。そんな気持ちを勘付かれないように、何事もない顔でワインを注ぐ。

ラリ・ネットはすっかり上機嫌だ。トウモロコシの芯に特製の一服を詰めて、どうぞ、とアゴスティネットの奥さんに勧めたりして、思い切りしかめ面で突き返されている。脇から老漁師が果敢にも、地元ワインをアゴスティネットに勧める。気遣ったアゴスティネットはひと口飲んで、大いにむせている。それぞれがいい気分になって、思い思いの話をしている。人の話に相槌を打つ者もなく、またさえぎる者もない。ラリ・ネットは、自分の母親と同年代のアゴスティネット夫人が気に入ったらしい。打ち解けた様子で、ぜひ特製カクテルを作ってあげたい、とレシピを説明している。夫人はカクテルと聞いただけでバカンスを連想したようで、南国の空と海を想像するとわくわくするわね、などと言ってはしゃいでいる。

老漁師は、いつの間にかまた漁網の繕いに戻っている。しかしよく見ると、揺れる手先のせいで網はいつの間にかアラベスク模様になっている。

アゴスティネットは、結局ワイン二十箱を港まで車で運んできてくれることになった。ほろ酔い気分のまま、皆で鼻を突き合わせて甲板で支払い額を計算するのだが、何度計算しても毎回違う額になる。南国気分になった奥さんと、すっかり好青年の今晩のラリ・ネットを、アモスはいぶかしげに見上げている。

さんざん苦労した結果やっと支払いも済んで、アゴスティネットのワインは無事、船底に収まった。ずしりと安心を積んで、これから《ラ・チチャ》は最終港をめざす。

《航海のための法則》がどれだけ正確なのか、結局は立証しないままに終わってしまった。数時間の航海の後、帆と並行してエンジンの力も借りたからだった。それでもほんの一瞬ではあったが、中世の風が船上と私の中を吹き抜けていった気がした。

《ラ・チチャ》は、潟の中を静かにムラーノ島へ向かって進んでいる。

甲板で老漁師から土産にもらったトウモロコシのパイプを吹かしながら、ラリ・ネットはアモスのほうを見て独り言のように、

「色違いで八個のカクテルグラスを吹きガラス職人に作ってもらう」

と呟き、

「将来開くつもりの僕のバールは、カウンター八席だけの店になる予定だから」

ぼそりと続けた。

第12航路

ヴェネツィア

（ヴェネト州）

〜

トリエステ

（フリウリ・ヴェネツィア・ジュリア州）

九月三十日

ゆったりと過ごした二週間だった。潤沢な水量を誇るポー川の流域には悠々と平野が広がり、毛細血管のように河川が分かれている。無数の水路を丹念に辿っている。もちろん《ラ・チチャ》では細い分流に入っていけないので、地元に住むヴィットリオに頼んで彼の小舟を出してもらった。船底が平たい舟型で、どんなに細い川でも問題なく入っていける。茅《かや》や葦《あし》が頭上高くまで生い繁っているうえ、蛇行しているので先がよく見えない。音もなく水上を滑るように走っていると、笹《ささ》舟に乗っているかミズスマシになった気分だ。

ヴィットリオはこの地の生まれだけあって、近辺にある評判の店をよく知っている。それで、水路を辿る小旅行をしながら、郷土料理の食べ歩きもしようということになった。

「ブレンタ村までは、車で行くより川伝いが一番だ。こうして川から眺めて初めて、ブレンタの建築群を設計したパッラディオなどの建築家が言いたかったことがわかるからね」

ヴィットリオの言うとおりだった。川から葦越しに、ほとんど地面と同じ高さから眺めるすばらしい建築の数々は、そこだけ現実世界からは遊離したような、不思議で、しかし荘厳な空気があった。

川下りの旅は未知の世界の発見の連続で楽しくて申し分ないが、ただしものすごい蚊の数である。スプレーやクリームの虫除けなど効き目があるわけもなく、閉口する。しかしジクジクと湿気ばかりのポレージネ地方で、ヒトの血を蚊が、その蚊を川魚が食べていずれ流域の人々の素朴な食物源になるのであれば、蚊に刺されるのも生態系循環に貢献しているのだと我慢しなければ。

「大地と水、水と大地……」

昔から伝わる子守歌のメロディーを、そっと口ずさんでみる。まだ二十代の頃、自力でなんとか稼ぎたくて、昔から伝わる民謡や童謡を左翼的な匂いのする政治風刺の歌詞で替え歌にして、あちこち流しをして回ったものだ。当時よく歌っていたメロディーがなぜか今、ふと口を突いて出たのである。

《幼い子供のときから、大人になっても
　いつも大地の仰せのとおり
　いつも水の仰せのとおり

そうして一生終わります》

詩を改めて口にすると、ひどくもの哀《がな》しい歌なのだった。歌は、この地方の人々がいかに貧しく、食べ物はポレンタばかり、じめじめとした気候にマラリアが流行り、こんな土地を出てアメリカにでも移民したいのに、稼ぎがなくて金が少しも貯《た》まらない、と続く。そして、〈最後にとうとう死んでしまった。さようなら〉で終わる。

「ちょっと、湿っぽいわねえ!」

すすり泣くような調子で静かに歌い終わると、モーターの上に座って聞いていたアーダがそう言って、バシンと思い切り自分の太股を叩いた。トンボのような大きな蚊がジーンズの上から刺そうとしていたのだ。アーダは昔ミラノの広告代理店でコピーライターをしていて相当な売れっ子だったが、都会の生活に嫌気が差してここへ移ってきた。今はこの近くの食堂の一角で、祈禱師《きとうし》のような、占い師のようなことをして暮らしている。

案内された食堂は、田舎の鄙びた古い建物、と言えば聞こえはよかったが、廃屋寸前のひどいボロ家だった。地中海を旅しながら各地でかなりいろいろ見てきたつもりだったが、これほどひどい店は初めてだ。店は中州の湿地帯に建っていて、しょっちゅう冠水する。流木を拾い上げて作った店なので、壁や天井にはペンキの剝げ落ちた板や太さも長さもまちまちの木片が継《つ》ぎ接《は》ぎのように打ち付けられている。寂々たる佇まいだ。板が外れて朽ち果てた手漕ぎ舟が、川岸に繋ぎ留めてある。水が流れ過ぎていくその小舟の中には、沢ガニを入れた網が引っ掛けてある。この壊れた小舟が、食堂の冷蔵庫代わりらしかった。

当然この一帯には電波が届かないので、携帯電話は不通である。静寂と平和。

中州には黒光りした中型の船が繋いである。古いが丹念に磨き上げてあるのだろう。味わいのある骨董家具のようだ。中に入ると、店の主人がアーダに向かって低い声で何かささやいた。アーダは了解、と合図して、すぐにダマスク織りのカーテンの背後に姿を消してしまった。あばら屋の粗末な雰囲気の中で唯一このカーテンだけが華やかで、それがかえってうら寂しい。店の中央には、大人が三人がかりでやっと抱えきれるほどの樽が置いてある。

「それで、石炭は持ってきてくれましたか？」

主人は私達に向かってそう尋ねた。

用意しておいた石炭を四袋、小舟から下ろす。店主はうれしそうな顔をして、早速その大樽の腹にある注ぎ口をひねってワインをグラスに注ぎ、手渡してくれた。赤というよりむしろ黒と言ったほうがよいような深い色をしている。

「喉が渇いたら、ご自由に飲んでいてください。私は食事を作りますので」

ヴィットリオは地元の資産家の息子で、父親は地元の金持ちを固定客に手広く保険会社を経営していた。私とヴィットリオはミラノ時代、彼の父親の会社のテレビコマーシャルをいっしょに作っていたことがある。撮影のためという口実のもと、若い女の子達を探しにミラノじゅうのモデルエージェンシーをはしごしたものだ。アーダがコピーを担当し、私達は三人でいくつもの仕事をした。ヴィットリオは感受性豊かなアーダを尊敬していたが、それがいつしか恋心に変わったようだった。当時アートディレクターとしての腕はあまりぱっとしなかったように覚えているが、いつ会ってもヴィットリオは金に不自由している様子はまったくなかった。いや、むしろ持て余しているような感じさえあった。

その後三人がそれぞれの事情で広告業界から身を引いて、もう五、六年になるだろうか。故郷に戻ったヴィットリオは、昔と変わらない様子である。

「どうやってこんな店を見つけてくるんだ？　何か秘訣《ひけつ》はあるのか？」

「このあたりの昔話で、『人魚が休憩する場所』というのがあるんだ。人里離れたところに人魚はやってきて、ゆっくりと横たわって日光を浴びる。そこにはポー川の流域からあらゆるものが流されてきて、打ち上げられ溜まる。そういう不思議な引力がある場所らしい」

ヴィットリオは静かに話して、ふと黙り込んだ。私は話の続きを待って、空になったグラスにワインを注ぐ。アーダが姿を消したカーテンの向こう側からは、ときおりブツブツと、あるいは唸るような声音が聞こえてくる。

「その手の話は聞いたことがあったんだが、たまたまこの近くの村落を訪ねたときにある老婆から『十七世紀にこの中州にはメリッサという魔女が住んでいて、さまざまな魔術や妖術を行っていた』という話を聞いたんだ。メリッサの魔術はよく効くと評判を呼びヴェネト地方じゅうから彼女に診てもらおうと、大勢の人が訪れたそうだ。かなり高貴な身分の人達も来たらしい。ちょっと想像してくれよ。深い霧の立ちこめる、寒くて侘《わび》しい光景の続くこの川を、大勢の人がメリッサに会うために何キロメートルにもわたって下ってくる様子を。問題や悩みごと、病いを抱えて、一縷《いちる》の望みを魔女に託してこんな地の果てまで来る人の心の内は、どんなものだったのかな。

それほど評判の高かったメリッサは、この不便な土地から動こうとはしなかった。

そのうち、遠路はるばるローマからも地位のある人達がやってくるようになった。ある者は毒薬を、あるいは媚薬《びやく》を望み、男児をどうしても授かりたいという名家の主《あるじ》や、憎い商売敵に呪いをかけてほしいと頼む人などが続々とやってきた。その騒ぎに教会は黙ってはいなかった。メリッサの評判がさらに高まると、彼女を焼き殺してしまったんだ」

「なんて話だ。そんな曰《いわ》く付きの場所にアーダを連れてきたりして」

ヴィットリオは、違うんだよ、という風に頭《かぶり》を振って、

「逆だよ。僕は、なんとか阻止しようとあらゆる手を尽くしたんだ。アーダの決意を変えさせようと、思い切ってプロポーズまでしたんだ。二人でいっしょに僕の父の会社を継ごう、とも言ってみた。無駄だった。万物がこの中州に引き寄せられるように、アーダも見えないものに吸い寄せられるようにして、この地の虜になってしまった。ミラノの家も仕事も友人も捨てて、まるで使命のようにここへ来て魔術を生業《なりわい》にすることに決めてしまったんだからね。アーダが言うには、苦労してコピーを考えているより今の仕事のほうがずっと儲かるらしいけれど」

「まあそれはそうなのかもしれないけれど、だからといってよりにもよってこんな地の果てまで来るなんて……」

私は呆れた。そのとき、ダマスク織りのカーテンがジャッと開いた。お香《こう》から糸のような白く細い煙が立ち上っている。東洋の香なのだろうか、エキゾチックな香りが

漂ってくる。伐採してきたばかりらしい、竹の青い匂いもする。

　奥からレインコートを頭から被るようにして顔を隠した女性が出てきて、無言で私達の前を小走りに過ぎ、中州の外に出て川岸に架かる浮き橋にストンと下りた。古い木なのに、軋《きし》む音ひとつ立てない。

「かわいそうな沼地の王女さま！　大金持ち二人の求婚者のあいだで揺れて、どちらにも決めかねているのよ」

　大げさな調子でそう叫びながら、奥からアーダも姿を現した。

　目の前にいるアーダは光り物が好き、などというたやすいレベルではなく、もはや彼女自身が光源になったかのようだ。ブレスレットは手首から蛇のように腕を伝って首まで巻き上がり、首にジャラジャラと幾重にも巻き付けた赤い玉のネックレスは胸元で絡まり合って、そのまま炎が燃え上がるように額に垂れる髪飾りへと繋がっている。この私の旧友、かつての名コピーライターは、昔からキラキラと光り輝くものが好きだった。知人からはよく、「それじゃあファティマの聖母よりひどいよ」とからかわれていたものだ。

「うわっ、なんて魅力的な魔女だこと！」

　大げさに驚いてみせて、私はアーダに向かって叫んだ。アーダは礼の代わりに、豊かな胸を両手で持ち上げてみせた。外には日が差しているとはいえ、弱々しい薄光である。せっかくの装飾品も魅力を余すことなく発揮できないな、と思っていたところだった。豊かな胸が揺れたとたん、アーダの全身がクリスマスツリーのように光り輝き始めた。豆電球が身体じゅうにセットされているらしい。胸はスイッチなのだった。

どうやらアーダは、この店でいつも〈魔女〉を演じているらしい。客の希望があれば、魔術紛《まが》いも披露するそうだ。謎《なぞ》めいた風体《ふうてい》や行動をしたほうが、霊験あらたかな感じがするものである。私達が呆気《あっけ》に取られているうちに、アーダの客〈沼地の王女さま〉はエンジンをふかして、小型の木製ボートで逃げるように帰っていった。小型ながらも重みのあるエンジン音を聞くだけで、客が相当な家柄の令嬢らしいことは察しが付いた。

ひと仕事終えたアーダを交え、石炭でじっくりと焼いた川魚を樽の赤ワインで食する。魚のかすかな泥臭さに粗い赤ワインがよく合って、実においしかった。夕食後、私達は霧と闇の中、川を伝ってグラードへ戻った。

「……というわけで、トリエステに着いた次第。国境であり、西洋と東方《オリエント》の境であり、またラテン世界とスラブの世界の狭間《はざま》にあるこのトリエステにね。旅は終わったわけだ。夏も終わった。これで、もうそろそろ船長ごっこを終わりにしてもいいだろう、という決心が付いた。あのパオロなら《ラ・チチャ》を大事にしてくれるだろう。楽しかった」

私は旅の経過をアーダに話しながら、深く息を吐いた。

「それでいいのよ。あなたも老成したじゃないの」

アーダは、まるで幼児をなだめる母親のような調子で言った。今朝、彼女は車で港まで迎えに来てくれたのである。来週末にミラノからやってくる金持ちの常連までは他に魔術の予約が入っていないので、ミラノまで送っていってくれることになったのだ。

アーダと私はカナーレ・グランデ沿いをゆっくり散歩している。うしろには、聖アントニオ教会がある。岸沿いに、ずらりと貨物用の運搬船や路線運行船が停泊している。

アーダが何気なく言った老成ということばに、少なからずショックを受けていた。身体じゅうの骨が彼女のことばに驚いて、鈍い音を立てて軋んでいる。右肩は、さっきパソコンを片手で持ち上げたときに捻ったらしく、まだ筋が引きつったままだ。ミラーレンズのサングラスをかけていても表に出るとすぐに涙目になり、まともに目を開けていられない。

俺は、もはや繰り返し使った古雑巾《ぞうきん》そのものじゃないか……。

周りを見る。九月の午後、運河沿いで日光浴している人々の大半は、人生の苦味と甘さを知り尽くし、灰汁《あく》が抜けて淡々とした老人だった。皆、身体の節々の痛みを抱えつつ、傍《かたわ》らには同様に老いた相手や犬を伴い、あるいは独りで遠くを見つめている。無表情に見えるが、どの瞳の奥にも一様に寂寥《せきりょう》が宿っている。

ああ、わが同胞よ！

傷病をうまく免れ、人生のさまざまな困難や障害を乗り越えて、やっとここまで辿り着いた老人達。こんにちは、どうぞよろしく！　私も今日からお世話になります。ボッチェの試合に私も入れてください。皆さんの、始まりと終わりのないおしゃべりにも参加させてもらえるよう、これから努力します。今日は政治批評、明日は評判のいい家事手伝いや新薬情報、と話題も豊富に準備いたします……。

いよいよ私もこのグループの一員なのだ、としみじみ自覚する。

アーダは何か言いたそうにこちらを向いたが思い直したように黙ったまま、新しい煙草に火を点けた。

向こうからサルヴァトーレとアモスがやってきた。アモスは、遠目にも黒々と実に美しい毛並みである。長旅を終えて、今日は朝から久しぶりに犬専門の美容院に出かけていたのだった。元気に走り寄ると、シャンプーのコマーシャルのようにサラサラになった毛を得意気に揺すってみせる。

「どうです⁉　これでミラノに連れて帰っても、全然恥ずかしくないでしょう？」

サルヴァトーレは自分の息子を自慢するように笑い、アモスの腹を叩いた。

「ラリ・ネットはどうした？」

「アーダさんの車の中で、パソコンを抱いて寝てますよ」

「それで、君はどうする？」

「船長、どうか私のことはご心配なく。ここからサルデーニャ島まで船を持っていきたい、という知人がおりまして手伝うことになりました。カリアリまで乗っていくので、家に帰るも同然ですから」

「どんな船なんだい？」

「あそこに見えるスクーナー船ですよ」

サルヴァトーレが指を差した方を見ると、今朝には見かけなかった船が留まっている。《ラ・チチャ》の倍はある、大きな帆船だ。五十トンくらいか。隅々まで手入れの行き届いた、堂々とした木造船だ。使い込まれていい感じにくたりとなったロープが、甲板にきちんと巻いてある。舳先には、航海の安全を守る女神が彫り込まれている。

「なんともいい船でしょう？　そう思いませんか、船長？」

サルヴァトーレは笑って言った。

アーダが近づいてきて、アモスの背中をトントンと叩いた。そばに寄ってきた野良猫に向かって、アモスはうれしそうに勢いよく吼えている。子犬の頃からシャム猫二匹といっしょに育ったので、猫好きなのだ。今にも飛びかかってじゃれようとしているのを、うしろに引っ張って大人しくするように言い聞かせる。アーダはついに思い切ったように、

「それで、そのパオロとは何時の約束なの？」

と尋ねた。

「今さ」

私はアモスを見たまま静かに答えた。

「ほら、ちょうどお見えだ」

桟橋の向こうから、歯科医師パオロがやってくるのが見えた。ついにお別れか。私は腹をくくり、パオロと正面に向き合って無言で握手した。私とパオロはアーダとサ

ルヴァトーレをその場に残し、二人で肩を並べて、しかし互いに何も話すこともなく歩き始めた。売買契約のために公証人が待っている。

あっという間に終わった。公証人のオフィスの前でパオロとは別れた。私は銀行小切手を手に、パオロは《ラ・チチャ》の権利書を手にして。

私は独りぼっちになった。港からの風に足元がふらついた。

旅の終わりを過ごした仲間、アーダとサルヴァトーレ、ラリ・ネット、アモスは、黙って私を迎えてくれた。車のトランクには、この四ヵ月の旅で手に入れたさまざまなものが山のように積まれている。雑多なその荷物は、他人にとってはゴミ同然だろうが、私にはどれにも深い思い入れのある宝物だ。

二枚貝は捨てられない。手に取ると、あのカラブリアの砂浜での一日が目の前に浮かび上がってくる。

その脇に這っているカニ。「生きたまま食べてみて」と教えてくれた少女がいたっけ。口に小さなカニを含んで舌の上で転がしつつ、ハサミに挟まれそうになる瞬間、思わず反射神経でカリッと噛んでしまう。残酷だが、その小さなカニから海そのものの味が口いっぱいにほとばしり、どんな生牡蠣よりも旨かった。

〈聖アガタの瞳〉のコレクションはどうだ。長い歳月をかけて砂浜で波に洗われて、丸く残った貝殻の芯のことをこう呼ぶ。ガルガーノの浜にはたくさんの〈瞳〉がこちらを見つめていた。ぎらりとした夏の太陽を反射して、キラキラとその瞳たちが輝いてすてきな海岸だったな。

黙ったまま、サルヴァトーレが車のドアを開けてくれる。

「あのう、船長……。あのスクーナー船なんですが……」

車に乗り込もうとする私の耳元で、彼は遠慮がちに小声で言った。

「実は、売りに出ているんですよ」

「さっ、早くシートベルトを締めて！」

アーダはサルヴァトーレの言ったことなど聞こえないような顔をして、急《せ》かすように言った。

「都会の生活に戻るのよ。船旅はおしまい！」

さあ、ミラノへ向かって出発だ。冬へ向かって。

サルヴァトーレは、いつまでもこちらに向かって手を振り続けていた。

ラリ・ネットは、後部席でぐっすり眠っている。そういえば、パソコンを昨日から開けていない。少しは依存症はよくなったのだろうか。

背後に残した海を思いながら、私は助手席に深く座り直した。サルヴァトーレの言ったことは本当なのだろうか。港の風が車に吹き込んでくるように感じる。

「それで、あのスクーナー船、いくらで交渉するつもりなの？」

空きの高速道路を百七十キロで飛ばしているアーダは、煙草に火を点けながら唐突に尋ねる。

「値段の問題じゃないんだ」

ずばりと言われて、ドギマギしながら言い訳するように私は答える。左側の内ポケットに入っている銀行小切手が、ドクドクと心臓を直撃し始める。

「文書にはなっていないが、海の掟というのがあってね。その掟によれば、〈船の持ち主が変わるときは、船長から船長へ直接引き渡しされるもの〉とされている。子供も妻も、家族の誰もその船の持ち主にはなれない。船長だけが、自分の船の行き先を知っている。船長にとって、持ち船は初恋の女性と同じなんだ。譲る相手の目を見るだけで、自分の永遠の恋人を同じように愛してくれるかどうかがわかるのさ。永遠の処女である船は、こうして男から男に引き継がれて慈しまれて、また永遠の命と美を受けて海を泳ぐ。もし船長が船を残したまま突然この世を去ってしまうようなことがあったら、船の命もそのときに終わる。かわいがってくれた恋人を失った船は、《売り出し中》という札を下げられ、桟橋に繋がれたまま風雨にさらされて次第に息絶え絶えになっていくのさ」

「わかってるのよ。恋したんでしょう？　それで、どうするつもり？」

「魔術をやってるんじゃなかったっけ？　どうすればいいのか、こっちが教えてもらいたいよ」

「それじゃ、スローガンをひとつプレゼントしてあげるわ」

「頼む」

「海の男にとって重要なのは、港で待っていてくれる女性《船》がいること。でなければ、人生に意味なし！」

航海日誌の終わりに──私が海を好きな理由

なぜ、そんなに海が好きなのか？

家族や登山好きの友人に繰り返しこう質問されるたびにその理由を考えてみるのだが、自分でもうまく説明できない。

先祖代々の血のせいか。おそらく、違うだろう。なぜなら、父方の祖父はサルデーニャ人ではあったけれど警官で泳げなかったし、母方の祖父はといえば、『ガルバーニ』という、海のない北イタリア、ロンバルディア地方のチーズメーカーの創業者の遠縁だったらしいからだ。それでは祖母はどうだったかといえば、ひとりはオペラ歌手だったし、もうひとりはロマーニャ地方の内陸に住む、おとなしい主婦だった。

つまり、ルーツを辿ってみても、海とは縁もゆかりもない祖先ばかりなのである。

ならば、海に惹《ひ》かれたきっかけは、幼少の頃の体験に関係あるのだろうか。

まだ小学校にも行っていないごく幼い頃、ある日突然ひらめくものがあって、

「大きくなったら船乗りになる！」

と決意した。あのときのえも言われぬ嬉しさと興奮を、今でもよく覚えている。

幼い決意は、その後の私の人生に大きく影響を及ぼした。

あの帆船。スループ型だった。当時、キオスクでは子供向けに数枚のカードがセットになって売られていて、専用アルバムにそのカードを全種類貼って送ると何かしらの景品がもらえることになっていた。あるときその景品に、スループ型帆船の模型が付くことになった。将来の船乗りを夢見る私は、その一本マストの帆船がどうしても欲しかった。カードを全部揃えるのは大変で、父は「カードを買うより、玩具《がんぐ》店で似たような模型を買ったほうが早いぞ」と、私を諭《さと》した。しかしその模型は、景品にしては非常によくできていて、同じようなものは玩具店には売っていないのだった。

結局、父は毎朝キオスクで新聞とカードを延々と買うことになった。

苦労のかいあって、夢にまで見た模型を手に入れることができた。模型といっても掌《てのひら》に載るようなちゃちなものではなかった。ブリキ製で船底には鉛の重りがあり、帆は本物の帆布でできていてロープで上げ下ろしができるようになっていた。全長一メートル近くもある、堂々とした船だった。

抱きかかえるようにして持ち上げたときのあのずしりとした感触は、まだ腕に残っている。父が黙って大枚を投資して数百枚ものカードを買い続けてくれたことに、私は今でも心から感謝している。

こうして模型を手に入れたのは、十歳のときだった。それから三年後に私は海で、この宝物を、私の初めての帆船を失うことになる。

その日私は本物の海に模型の帆船を浮かべて、脇に並んで泳いでいた。当時私は、国体の水泳選手として強化訓練を受けていて泳ぎにはかなりの自信があったのに、模型の船は海に出てまさに順風満帆、私を残して沖合へと去っていってしまった。

どうして海が好きなのか。そう問われてすぐに返事ができないのは、私の中に結論のないさまざまな理由があって端的にまとめられないからである。いったん説明し始めると、やがては自分という人間についての話にもなるに違いない。それで同じことを頻繁に質問されるうちに、それなりの返事をしてごまかすようになっていた。しかし自分の中では、なぜこんなに海に惹かれるのだろう、という疑問は常に残ったままである。

考えるともなく考えるうちに、五十歳を過ぎた頃だっただろうか。本当の理由は、〈揺れ〉なのではないかと思うようになった。ゆりかごの揺れ、ブランコの揺れ。波に揺られて、である。陸はたしかに安定しているが、足で大地を踏み締めても地面からは反応はない。ところが、海はどうだろう。船にそろりと片足を載せると、微妙な均衡を持って水に浮かんでいる船は、新しく加わった私の片足分の重さに新たな均衡を保とうと反応する。その呼応が〈揺れ〉である。それは、船を通して私が海と対話することなのだと思う。

海に揺れる船の上では、身体や気持ちが軽くなる。船が小さければ小さいほど、海に浮かぶ自分も小さくなる。私の抱える問題や心配ごとなど、ごく小さなものなのだ。それは海に抱かれて慰められるような感覚で、地中海が母親だという言い伝えを実感できる瞬間だ。

船の上で四日間も暮らすと、誰もが衣や仮面を取り払って本来の姿に戻る。それは、ふだん隠している自分との対面でもある。四日目が境目で、ここでさっさと陸に上がってしまう人と、海上の生活の虜になって波間に揺られ続ける人とに分かれる。

船の上では、早い者勝ち、という現代の規則は無意味である。時間を海に預けることで、別の価値観が見つかるように思う。

そして、なぜこんなに海が好きなのか。

陸に最愛の妻や恋人を残して自分だけまた海の向こうへ旅立っていくとき、どの船乗りも同じ問いかけをしてきたに違いない。稼ぐため必要に駆られて船に乗るのか。あるいは陸でじっとしてはいられない性分のせいなのか。または何かから逃げるためなのか。それとも昔から言うように、船乗りは未知への好奇心が人より強いからなのか。

「未知なることなんて、すぐ近くにあるものですよ。そんな理由、山好きか百姓が勝手に言っていることでしょ」

サルヴァトーレは冷ややかに言い、

「右耳にイヤリングを着けている船乗りは、男色だという。左に着けているのは、男の中の男。両方に着けているのは、……言わないほうが華ですかね」

ちなみにサルヴァトーレは、イヤリングを着けていない。

船長　シルヴェリオ

解説

陣内秀信

内田洋子さんと私が初めてお会いしたのは、二〇一二年の十一月、ミラノ工科大学のキャンパスにおいてであった。友人のボアッティ教授が、かつて運河の巡る「水都」だったミラノに数系統の運河を掘り起こして復活させるという夢あるプロジェクトに長く取組んでおり、その成果を発表するシンポジウムを開催したのである。私も招かれ、東京の水都研究について発表した。そこに内田さんが訪ねて来て下さったというわけだ。図らずも本書のテーマ、〈水〉が二人を取り持ってくれたと言える。

このように私は、大学院時代にヴェネツィアに留学したことが切掛けで水の都市に関心をもち、長らく日伊の水都比較、港町比較をテーマに掲げ、両国それぞれでのフィールド調査に力を注いできた。

最初の出会いから三年後、ちょうどミラノ万博が開催された二〇一五年に、そのミラノで再会の機会があり、この時は、内田さんのご自宅のすぐ近くを流れるナヴィリオ運河のまわりをご案内いただく幸運に恵まれたのである。ナヴィリオ運河再生の物語は感動的で、日本の各地で水辺再生を目指す人々には大きな希望と勇気を与えてくれる。

そもそも地形、自然条件の変化に富むイタリアには、日本と同様、様々な水の都市風景がある。川沿いの港町、運河が巡る町、湖畔の町、そして海に開く港町である。だからこそ、こうした観点からの日伊の都市比較のためのフィールド調査は実に楽しい。

＊

本書は、悠久の歴史をもつ地中海という大きな時空を舞台とする船による旅の紀行で、百四十日間の船上生活の記録の形をとる。小さな木造の古式帆船《ラ・チチャ》が十二の航路でイタリア半島を巡る旅は、何とも贅沢《ぜいたく》で、読者の心を窮屈な日常から大きく解き放ってくれる。船旅が当たり前の時代が去り、鉄道、車、飛行機の普及で船旅が完全に忘れられてしまったが、今、また船の旅が形を変えて人気を集めている。人間の本来の欲望、夢、憧《あこが》れの表れなのだろうか。歴史のロマン溢《あふ》れる地中海に突き出たイタリア半島を巡る船旅は、また格別な意味をもつ。

この十〜二十年、著しい甦《よみがえ》りを見せる南イタリアの大都市、ナポリ、バーリ、パレルモなどが、背後に歴史的な重要スポットを多く抱えることからクルーズ船の寄港地として人気を集めている。コロナ騒ぎが終焉《しゅうえん》すれば、再び人気が回復するに違いない。

小さな古い帆船による本書の船旅は、もちろん性格がまったく異なる。風の状態に左右され、大波に強烈に揺さぶられながらの波乱万丈の旅である。しかし、海へのロマンという点では共通していよう。

＊

実は、帆船といえば、私も三年前に貴重な体験をした。もちろん規模が全く違う。世界最大の帆船と謳《うた》うロイヤル・クリッパー号による地中海クルーズで、ローマ近くのチヴィタヴェッキアを出航し、途中、何箇所かに寄港しながらシチリアまで行ってまた戻るという行程をとる。基本はエンジンで動くのだが、時折、パフォーマンスとして帆を張って（乗客もその仕事に参加）、その美しい姿を写真に収めるのだ。私は途中、二回だけレクチャーをするという条件で招待を受け、船旅を楽しみ、用事のあるアマルフィで途中下船させてもらった。念願の地中海クルーズの気分を存分に味わえた。

私自身、イタリアの都市を建築史の立場から研究してきたが、何故《なぜ》か海沿いの街に惹《ひ》かれ、ヴェネツィア、アマルフィ、プーリア州、シチリア等の海辺の都市の調査に精を出してきた。自《おの》ずと船に乗って海から都市を観察するチャンスに恵まれたので、この本には親近感を覚え、また内田さんの体験が身体感覚としても伝わってくる。

少しだけ紹介したい。ヴェネツィアでは、親しくなったジュデッカ島の漁師セルジョの小さな漁船で、何度かラグーナ（浅い内海）の漁場をのんびり巡った。三年前のクロアチアの旅では、初めてイストリア半島の港町ポレチュからヴェネツィアまでフェリーでアドリア海を横断し、海の税関で入国手続きをする経験ができた。

ナポリ周辺は、イタリアでも今なお船による移動が最も活発な地域だ。カプリ、イスキア、プロチダといった魅惑的な島々への船旅は最高。海洋都市アマルフィに行くにも余裕があればナポリから船で行くに限る。ナポリの港を出航する時に眺める丘に囲まれた開放的な都市の景観は、さすがに美しい。

サルデーニャ島の調査には、チヴィタヴェッキアからフェリーでカリアリまで渡り、シチリア調査には、ゲーテがやったのと同じようにナポリを出航し、トラーパニまで（ゲーテはパレルモに到着）船旅を楽しんだことがある。港町シャッカ（アグリジェントの西）では、友人のヨットに招かれ、沖合に出て、アラブ人がシチリアで最初に上陸したというこの斜面都市の姿を海から観察できた。プーリア州のガッリーポリでは、漁業観光の一種だが、島状の要塞《ようさい》都市のまわりを漁師が自分の小型ボートでぐるりと一周案内するという実にスリリングな経験をしたし、モノーポリでは、筏《いかだ》にのった聖母子像のイコンが漂着したという言い伝えを追体験する海上での祭礼に遭遇し、調査中に親しくなった住民のボートに便乗して水上パレードに参加する幸運を得た。海と結びついた人々の暮らしがイタリアには今なお生きていることを強く感じる。

海辺の街ならどこでも漁港と並んで、プレジャーボートが係留される立派なヨットハーバーが必ずあり、地中海らしい華やいだ雰囲気を生んでいる。こうして余暇を船で楽しむ海のインフラが整備されているからこそ、帆船《ラ・チチャ》が無名の小さな港町にも寄港しながら、イタリア周遊の快適な旅を実現できたのだろう。日本との大きな差がここにある。富裕層にはヨットをもつ家族も多く、ナポリ大学の有力教授、デ・セータ氏からカプリの別荘にナポリからヨットで行こうと誘われつつ、その機会を失したのが残念だ。

＊

イタリアの長靴をぐるりと巡って記述された本書を読むと、改めてイタリアの自然と歴史・文化（特に料理に顕著）、さらには民族の多様性を再認識させられる。そもそもイタリアの国土は、日本と同様、実に変化に富んでいる。海沿いの景観も多様に変化する。今では幸いグーグルアースを活用できるから、私も帆船《ラ・チチャ》の航路を空からたどり、その寄港した街やその周辺のテリトーリオ（地域）の風景を三次元的に俯瞰《ふかん》しながら、パソコン上で船旅の疑似体験を楽しんだ。

リグリア地方のチンクエ・テッレ、南のアマルフィ海岸のように山や丘陵が海に迫り、急な斜面に石垣で段々状に農地を造成するティレニア海側と、砂浜が発達し時に塩田もあるアドリア海側とでは、地形、地質の条件が大きく異なり、船から見る景観も違いが大きい。同じアドリア海とはいえ、《ラ・チチャ》が吹き荒れるボーラ（北北東の風）に押し流されたどり着いたクロアチア側のダルマチア諸島周辺には、リアス式海岸のような地形の先に群島が浮かぶ迫力ある風景が見られ、砂浜の多い平坦《へいたん》なイタリア側と好対照なのだ。リミニ、ラヴェンナからヴェネツィア、その北までは、途中ラグーナの地形をはさみ、平坦な海辺が続く。本書の最後の目的地、トリエステを境に地形、風景がガラッと変わるのが面白い。そのトリエステは、背後に丘が迫るからこそ、須賀敦子の『トリエステの坂道』を生んだ。

自然、文化条件は、イタリア半島の南北で大きく異なるのは当然として、同時に、内陸部と海側でも風景、文化風土の違いがはっきりしている。本書の食文化で鍵《かぎ》となるのが〈オリーブ〉と〈ワイン〉である。いずれも古代にギリシャ人がもたらし、南から北に伝わって、イタリア半島に広く普及した。本書は、著者の当時の生活拠点でもあったリグリア州からスタートするが、冒頭、この地方の人達のオリーブへのこだわりが強調されるのが印象的だ。

ある時、中部エミリア＝ロマーニャ州の内陸部にあるグルメの街、パルマに数日滞在し、パルミジャーノ、生ハム、特にクラテッロ、肉類、バター中心のこってりした料理を食べ続け、いささか食傷気味だった時に、同じ会議にジェノヴァから参加していた友人の車で、ほぼ西へ同じ緯度を進み、海辺のこの港町に移動したことがある。風景が徐々に変化し、丘陵が増え、オリーブの樹木も多くなって、地中海の雰囲気がしてきた。ジェノヴァに到着して、オリーブオイルをたっぷり使った料理にありつき、胃袋が救済されたのをよく覚えている。

イタリア半島の中でも、このリグリア州が屈指のオリーブオイル産地だということは私でも知っていた。驚いたのは、NHKの「世界遺産　イタリア縦断1200キロ」を住吉美紀アナウンサーと八日間、連日ぶち抜きでライブ中継を行った際に、本書にも登場するポルトヴェネレ（ヴィーナスの港の意味）を訪ねた時のことだ。ジェノヴァ共和国の防御のため要塞化されたこの高密な海辺の街の中心部で、古い建物を格好よくリノヴェーションした明るい店舗にカメラとともに入った。何と、リグリア産のオリーブオイルばかりを各種揃《そろ》えているという。インテリア、ショーケース、容器、瓶など、どれも最高に洗練されたデザインだ。しかもオーナーは二十歳《はたち》そこそこの美しい女性。これこそイタリアの新しい底力だと実感した。

オリーブの思い出はまだある。本書でも、かつてオリーブは食用以外にも大切な役割を果たしたことが語られる。最南端の港町、ガッリーポリの調査の際にそれを私も知った。このプーリア州は、イタリアでも最大のオリーブ産地で、私からすれば、そのバージンオイルは絶品だ。ところが、このガッリーポリの十七〜十八世紀の都市の繁栄を支えたのは照明用のオイルで、ヨーロッパ諸国への輸出でボロ儲《もう》けしたという。その富で見事なバロックの街並みをつくり上げたのだ。

＊

建築に目を移そう。海に高台が張り出す地形の多いイタリアでは、その目立つ位置に教会がそそり立つ姿をよく眼《め》にする。ポルトヴェネレでは、岬の突端に古代につくられた女神を祀《まつ》る船乗りのための神殿の跡を受け継いだサン・ピエトロ教会が登場し、高所から船の航行を見守っている。この本で印象的に記述されるのは、サンレモの少し東、チェルヴォの高台旧市街に海に向けてそびえるサン・ジョヴァンニ・バッティスタ教会で、やはり航海の目印であり、船乗りの守り神であったという。グーグルアースで確認すると、その海からの眺めを演出したバロックの造形は確かに素晴らしい。

本書で知って感動したのは、ポルトフィーノから西へ三キロ地点にあるサン・フルットゥオーゾ修道院の存在だ。泉が湧《わ》き出し、航行する船に水を供給する重要な地点にこの聖地ができたという。指摘通り陸から断絶されており、確かに船でしかアクセスできない驚くべき場所だ。

　こうした静寂と敬虔《けいけん》な雰囲気に包まれた海辺の聖地が登場するかと思うと、対極的な海辺の場所として、アドリア海に面するリミニ周辺のロマニョーラ海岸の様子が活写される。昔からよく知られるナンパの名所で、北欧からの金髪碧眼《へきがん》の若い女性を目当てに、国内から続々と若者が押し寄せるという。開放感溢れる海辺の街は、欲望が渦巻く期待を抱かせる場所でもあるのだ。

　この本のもうひとつの大きな楽しみは、イタリアが誇る多様性の象徴、食文化についての記述である。船に乗る海の男は料理が上手という話もよく聞く。寄港して地元の食材とワインを買い込み、料理する。パレルモでは地元の有名なドルチェ、カッサータを調達。同時に各地で、その土地に住む旧友のお宅に招かれ、郷土料理を楽しみ、また隣の漁船から差し入れられた稚魚を調理する。極めつけは、隣に停泊したペスカーラの大型漁船から招かれ、十一本ものワインを土産に持ち込み、獲《と》れたての絶品の魚介のスープをご馳走《ちそう》になる話だ。ヴェネツィアに着くと、もっぱら発泡性の白ワイン、プロセッコが話題を占める。イタリアならではの美味《おい》しい話が十二の航路のどこにも登場する。

おそらくこの元の本が二〇〇一年に出版された後に、イタリアでエノガストロノミーア（ワインと食文化。eno はギリシャ語起源でワインの意）という言葉がよく使われるようになったと思われる。南の後進的と言われた地方でも、美味しいワインが生産されるようになり、郷土料理にも洗練が加わった。イタリア料理の地域ごとの個性、多様性が世界的にますます注目される時代を迎えている。

それにしても、甲板でスパゲッティと素朴な食材の料理と冷えたワインでの乾杯、とは何とも贅沢。何度そうしたシーンが登場することか。便利さを求め、消費の欲望を肥大させてきた近代文明が行き着くところまで来た今、我々は何か違う別の豊かさを求めている。そんな時代の気分だけに、『海をゆくイタリア』が発信する懐の深い世界が魅力的に映るのは、ごく当然なことに私には思える。

（じんないひでのぶ／法政大学特任教授）

本書のプロフィール

本書は、平凡社より二〇〇一年刊行の同名の単行本を加筆修正し、解説を加えて文庫化した作品です。

小学館文庫

海《うみ》をゆくイタリア

著者　内田洋子《うちだようこ》

二〇二一年九月十二日　初版第一刷発行
二〇二一年十月十二日　第二刷発行

発行人　飯田昌宏
発行所　株式会社　小学館
〒一〇一-八〇〇一
東京都千代田区一ッ橋二-三-一
電話　編集〇三-三二三〇-五八一〇
販売〇三-五二八一-三五五五
印刷所――凸版印刷株式会社

この文庫の詳しい内容はインターネットで24時間ご覧になれます。
小学館公式ホームページ　https://www.shogakukan.co.jp

ISBN978-4-09-407053-8